DIE WELT DER RELIGIONEN

in 18 Bänden

1 Santiago de Compostela · Die Wege der Pilger

2 Mekka und Medina · Die Städte des Propheten

3 Ganges · Der heilige Strom Indiens

4 Sri Lanka · Die heilige Inscl dcs Buddhismus

5 Jerusalem · Die heilige Stadt dreier Religionen

6 Isc und Izumo · Die Schreine des Schintoismus

7 Delphi · Das Heiligtum der Griechen

8 Der goldene Ring · Das Christentum Rußlands

9 Kairo · Die Schule des Islam

10 Sevilla · Die heilige Woche

11 Rom · Der Petersdom

12 Himalaya · Die Klöster des Lama

13 Berg Athos · Die Klöster der Stille

14 Mexiko · Die Sonnenpyramiden

15 Assisi · Die mystische Welt des hl. Franziskus

16 Adschanta · Die geheiligten Höhlen Buddhas

17 China · Treffpunkt dreier Religionen

18 Der Nil · Die Tempel des Amun

Mekka und Medina

Die Städte des Propheten

Text von Eva de Vitray-Meyerovitch
Photographien von Hussein Yoshio Hirashima

Herder Freiburg · Basel · Wien

Inhalt

Seiten 2–3: „Hier bin ich, o Herr!". In Mekka angelangt, eilen die Pilger nach den reinigenden Waschungen zum Tawaf, *der Umschreitung der Kaaba.*

Seite 6: Das Mittagsgebet in der Moschee des Propheten in Medina. Wer in der Moschee keinen Platz findet, verharrt in der glühenden Sonnenhitze auf der Straße.

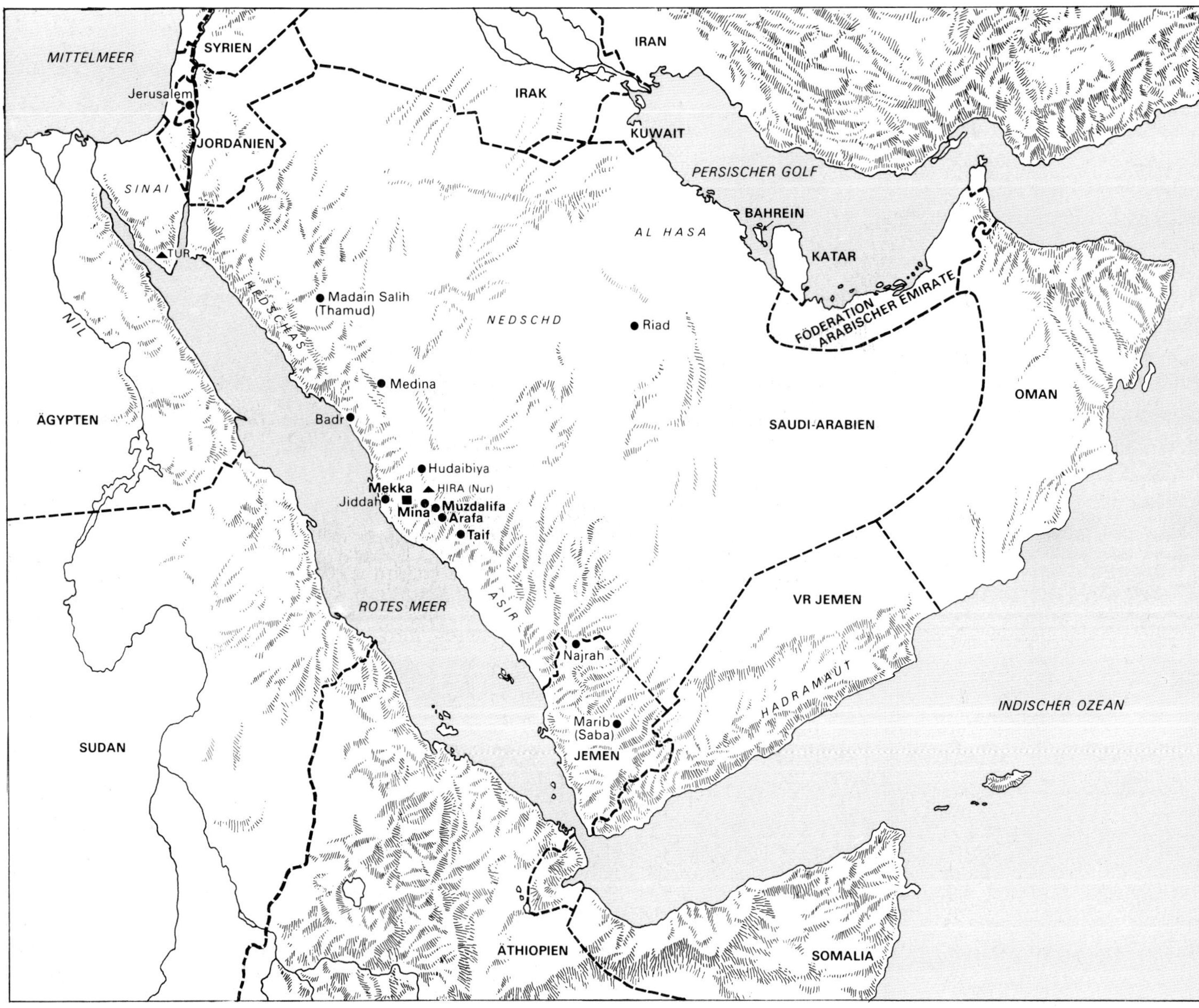
MITTELMEER
SYRIEN
IRAN
IRAK
Jerusalem
JORDANIEN
KUWAIT
SINAI
PERSISCHER GOLF
BAHREIN
AL HASA
TUR
KATAR
HEDSCHAS
NIL
Madain Salih
(Thamud)
NEDSCHD
Riad
FÖDERATION
ARABISCHER EMIRATE
Medina
OMAN
ÄGYPTEN
Badr
SAUDI-ARABIEN
Hudaibiya
Mekka
HIRA (Nur)
Jiddah
Mina
Muzdalifa
Arafa
Taif
ASIR
ROTES MEER
VR JEMEN
Najrah
HADRAMAUT
INDISCHER OZEAN
Marib
(Saba)
SUDAN
JEMEN
ÄTHIOPIEN
SOMALIA

Mohammed und die Entstehung des Islam

Die wahre Größe des Propheten ist in der westlichen Welt so gut wie unbekannt. Ursache hierfür sind nicht nur alte Vorurteile, sondern auch die Tatsache, daß es für einen Nicht-Muslim schwer ist, die Rolle eines geistig-religiösen Archetyps zu verstehen, der sich auch auf sozialem, politischem und wirtschaftlichem Gebiet betätigte. Mohammed beschränkte sich nicht nur darauf, unter großen Schwierigkeiten mit seinem Leben Zeugnis abzulegen für die Wahrhaftigkeit der von Allah empfangenen Offenbarung, den *Koran*. Er selbst wurde sein getreuer Botschafter, übte aber gleichzeitig auch das Amt des Gesetzgebers und Führers der muslimischen Gemeinschaft, der *Umma*, aus.

Über ihn wurde folgendes geschrieben: „Nie übernahm ein Mensch je freiwillig oder unfreiwillig eine erhabenere Aufgabe, eine Aufgabe, die übermenschlich war: den Aberglauben auszuschalten, der sich zwischen die Schöpfung und den Schöpfer gestellt hat, Gott den Menschen und die Menschen Gott zurückzugeben, den nationalen und heiligen Gedanken der Gottheit im Chaos der materialisierten und entstellten Götter der Idolatrie wiederherzustellen.

Wohl nie unternahm ein Mensch mit so geringen Mitteln ein derart die menschlichen Kräfte übersteigendes Werk, wobei zu bedenken ist, daß ihm bei der Konzeption und Ausführung eines so großen Planes keine anderen Werkzeuge zur Verfügung standen als er selbst und eine Handvoll Barbaren in einem verlassenen Fleck der Wüste.

Ebenso gelang es keinem Menschen je, eine so große und dauerhafte Revolution in der Welt zu verwirklichen; bereits weniger als zwei Jahrhunderte, nachdem er gepredigt hatte, regierte der Islam teils durch Bekehrung, teils durch Waffengewalt nicht nur die drei Teile Arabiens, sondern hatte auch Persien, Khorassan, Transoxanien, Spanien und einen Teil Galliens, sowie den Kaukasus, das westliche Indien ... erobert.

Nimmt man den Umfang des Planes, die Geringfügigkeit der Mittel und das ungeheure Ausmaß des Erfolges als Maßstab für das Genie eines Menschen, wer wagt es dann, auf menschlicher Ebene eine bedeutende Persönlichkeit der Geschichte mit Mohammed zu vergleichen? Die berühmtesten Männer haben sich darauf beschränkt, Heere, Gesetze, Kaiserreiche zu erschüttern, oder (wenn sie als Gründer auftraten) nur materielle Machtbereiche zu schaffen, die oft noch vor ihnen zusammenbrachen. Mohammed hingegen erschütterte Heere, Gesetzgebungen, Kaiserreiche, Völker, Dynastien, Millionen von Menschen auf einem Drittel der bewohnten Welt; hinzu kommt, daß er Altäre, Götter, Religionen, Ideen, Überzeugungen, Seelen ins Wanken brachte. Er hat auf einem Buch, von dem jeder Buchstabe Gesetz geworden ist, eine geistige Nation gegründet, die Völker aller Sprachen und Rassen umfaßt; er hat als unauslöschliche Eigenschaft dieser muslimischen Nation den Haß gegen die falschen Götter sowie die Leidenschaft für den Einen Allah erweckt. Ein solcher Patriotismus und der Wille, die Entweihung des Himmels zu rächen, waren Tugenden der Erben Mohammeds; die Eroberung eines Drittels der Erde war ein Wunder, aber wahrscheinlich nicht so sehr ein durch einen Menschen, sondern mehr durch eine Idee bewirktes Wunder. Einmal ausgesprochen, wirkte die Idee von dem Einen Gott wie eine Explosion, die die Tempel der Idole in Brand setzte und ein Drittel der Welt mit ihrem Schein erfüllte.

Sein Leben, seine innere Sammlung, seine heroischen Verdammungen gegen den Aberglauben in seinem Land, der beim Angriff der Götzendiener bewiesene Mut, die Ausdauer, sie fünfzehn Jahre in Mekka zu dulden, das Akzeptieren der Rolle des öffentlichen Ärgernisses und praktisch des Opfers unter seinen Landsleuten, schließlich die Flucht, das unaufhörliche Predigen, der ungleiche Krieg, der Glaube an den Erfolg, der ganz auf eine Idee und sicher nicht auf Macht gerichtete Ehrgeiz, das Gebet ohne Ende, das mystische Gespräch mit Gott, der Tod und der Sieg über das Grab hinaus...

Philosoph, Redner, Apostel, Gesetzgeber, Eroberer von Ideen, Wiederhersteller von Dogmen, Gründer zwanzig irdischer Imperien und eines geistigen Reiches, das ist Mohammed. Welcher Mensch ist ... erhabener als er?"

Diese leidenschaftliche Huldigung stammt nicht von einem Muslim, sondern von Alphonse de Lamartine (1790–1869), niedergeschrieben in seiner *Histoire de la Turquie*. Diese Huldigung macht gleichzeitig deutlich, warum nach über dreizehn Jahrhunderten alle Muslime mit Dankbarkeit in ihren Gebeten den Abgesandten Allahs ins Gedächtnis rufen. Sie rufen ihn ins Gedächtnis, sie rufen ihn nicht an, denn das Gebet ist nur für Gott bestimmt.

Die „Familie" des Propheten

Jedes rituelle Gebet endet mit der Anrufung: „Mein Herr, segne Mohammed und seine Familie, so wie du geruht hast, Ibrahim (Abraham) und seine Familie im gesamten Universum zu segnen. Denn, in Wahrheit, du bist des Lobes würdig, Glorreicher." Auf die Frage, warum im rituellen Gebet der Name Abrahams mit dem Mohammeds verbunden wird, führen wir, unter vielen anderen, drei Antworten an, die in einem Andachtstext angeführt werden: „Weil Abraham der Freund [von Allah] und Mohammed sein Geliebter ist. Weil Abraham das heilige Gesetz verkündete, als Allah, der Höchste, zu ihm sagte: ‚Verordne den Menschen die Wallfahrt, daß sie kommen zu Fuß oder auf abgemagerten Kamelen, aus weiter Ferne, über Berg und Tal'" (Sure XXII,28; dieses sowie alle folgenden Zitate aus dem Koran stammen aus der von L.W. Winter überarbeiteten Übertragung des Korans von Ludwig Ullmann, 1959), während Mohammed die gesamte Religionspraxis nach dem Worte Allahs, des Höchsten, verkündete: „Herr, wir haben einen Mentor gehört, der zum Glauben aufrief." Oder weil Gott Abraham als Vater der Gläubigen bezeichnet, wenn er sagte: „Er hat euch nichts Unmögliches in der Religion auferlegt. Er hat euch die Religion eures Vaters Abraham gegeben" (Sure XXII, 79).

Die in dieser Anrufung erwähnte Familie des Propheten wird im gleichen Text so beschrieben: „Der Gesandte Gottes wird gefragt: ‚Welches ist die Familie Mohammeds, die wir lieben, ehren und der wir Huldigung erweisen sollen?'. Und er antwortete: ‚Die Menschen, die zuhören und ihre Pflicht erfüllen, jeder, der an mich glaubt und mir treu ist.' Er wird weiter gefragt: ‚Und an welchen Zeichen erkennen wir sie?' Er sagte: ‚An der Tatsache, daß sie für mich eine stärkere Liebe als jede andere Liebe empfinden, an der Tatsache, daß sie im Innern ihrer Herzen stets meiner gedenken; dieses Gedenken steht gleich an zweiter Stelle nach dem Gedenken, das Gott geziemt.'"

So bezeichnet das Wort „Familie" im Gebet die gesamte Gemeinschaft der Gläubigen. Dieses Gebet, das die Familie des Propheten einbezieht, entspricht nach der Überlieferung einem rituellen Almosen. Der Prophet hat gesagt: „Wenn ein Muslim nichts hat, um Almosen zu spenden, so sagt er im Gebet: ‚Herr, laß deinen Segen herabkommen auf Mohammed, deinen Diener und Gesandten und auf alle Gläubigen, Männer und Frauen und auf alle Muslime, Männer und Frauen.' Denn diese Bitte wird für ihn wie die Gabe richtiger Almosen gelten." Der große Mystiker Ahmad at Tigiani bezeichnet das Gebet über den Propheten als „das Herabkommen des Segens des Geliebten auf seinen Geliebten".

Sheikh Ahmed al Alawi, ein Autor unseres Jahrhunderts, schreibt in seinem *Diwan* (Liedersammlung):

„Erhöre, mein Herr, mein Gebet
und immerwährend meinem Herrn zugewandt, möge er mich immerwährend aufnehmen.
Schütze mich für immer, und schütze
das gesamte Volk Mohammeds.
Und deine Schönheit ergieße sich in Freude,
so lange ihn die Anbeter anrufen
und ihn die Heiligen anrufen
auf den edelsten der *nabi* [Propheten],
auf die Gefährten und das gesamte Haus,
auf ihre Erben, die Anführer und die Sucher
und über jeden frommen und heiligen Mann.
Ins Licht dieser Gelübde seien alle eingehüllt."

Eine Hymne, die die Geburt des Propheten besingt *(Mevlid i nabi,* von einem anonymen Türken im Mittelalter verfaßt), bringt in zarter Naivität zum Ausdruck, was der Prophet für das Volksgefühl darstellt:

„Es erfreut sich die Schöpfung, voller Verzückung und Seligkeit, die Sorgen entfernen sich, ein neues Leben erfüllt die Erde.
Jedes Atom der Welt stimmt in den Chor ein,
alle Atome rufen mit lauter Stimme: Lob!
Lob Dir! Du Sonne von strahlendem Glanz! Lob!
Lob Dir! Du Seele, zarteste unter den Seelen! Lob!
Lob Dir! Du Sonne der Geliebten!
Lob Dir! Du Mond all dessen, was wahr ist!
Lob Dir! Du Nachtigall der Wiesen des Alast!
Die ganze Welt ist trunken vor Liebe zu Dir!
Lob Dir! Du Seele, die immer währt! Lob!
Lob Dir! Du Mundschenk des Geliebten! Lob!
Lob Dir! Du Geliebter des allmächtigen Herrn!
Lob Dir! Du Barmherzigkeit der Welten für alle!
Lob Dir! Du Fürsprecher derer, die fallen!
Lob Dir! Du Zuflucht derer, die irren!
Lob Dir! Du Hilfe für die, die nichts haben!
Lob Dir! Du König der Glorie! Lob dir!
Lob Dir! Du Erscheinung des übergroßen Gottes!
Lob Dir! Du Führer der Propheten!
Lob Dir! Du Heilmittel gegen alles Leid! Lob!
Lob Dir! der Du nie losgelöst bist von Gott.
Lob Dir! Du Geheimnis der Schriften! Lob!
Lob Dir! Du Nächster, Du Liebster Gottes!
Lob Dir! Du Herrscher der beiden Welten,
weshalb dieses Universum zum Leben geboren wurde!
Du, Siegel des erhabenen Throns der Sendung.
Du, Siegel der strahlenden Sonne der Prophetie.
Du, der die Hand allen jenen hinstreckst, die gefallen sind.
Du, dessen Licht jeden Winkel der Welt erleuchtet.

Antlitz ähnlich der Rose, weshalb die Welt wie ein Garten erblüht!
Du, Augenlicht aller Heiligen und Gerechten!
Die Welt des Geistes ist bereit für Deine Befehle.
Für Dich ist der Geliebte bereit, das Leben zu geben.
Du, der Du versuchst, dem Feuer zu entfliehen,
wiederhole mit Liebe und Zittern: der Segen komme über Dich!
Friede! Du zarte Seele unter den zarten! über Dir sei Friede!
Friede! Du Mond des Glanzes!
Friede! Du Herrscher der Geliebten!
Friede! Du Herr, Geliebter Gottes!
Friede! Du Ursache des Lichtes der Glorie!
Friede! Du Balsam für jede Trübsal!
Hört alle die Aufforderung von Mustafa.
Keiner von uns wird hier unten wohnen,
so lang auch das Leben sei,
zum Schluß erwartet uns sein Werk: der Tod.
Kommt daher, bereitet euch auf den Tod vor,
damit vor der göttlichen Gegenwart rein seien eure Augen.
Böses widerfahre mir, wenn ich getrennt bin vom Propheten!
Böses widerfahre mir, wo ich von ihm getrennt bin!
Du, der Du versuchst, dem Feuer zu entfliehen,
wiederhole deshalb mit Liebe und Zittern: der Segen komme über Dich!"

Alast ist eine Berufung auf den ersten Begriff eines *Hadith qudsi* (Wort Gottes) im Koran, in dem sich Allah an die noch nicht geschaffene Menschheit wendet und fragt: „Bin ich nicht (alastu) der Herr euer Gott?". Mohammed, arabisch *Muhammad,* wird auch Mustafa genannt.

Die Bewunderung, die scheue Dankbarkeit gegenüber dem Propheten sind wesentlicher Bestandteil der muslimischen Geistigkeit. Hier sei nochmals darauf hingewiesen, daß der Muslim nicht zum Propheten betet, sondern sich bemüht, ihn nachzuahmen, denn der Prophet ist das Vorbild schlechthin. „An dem *Rasul* [Gesandten] Gottes", sagt der Koran, „habt ihr ein herrliches Vorbild" (Sure XXXIII,22). Ist er nicht „die edelste der Kreaturen", gesandt als „Zeichen der Barmherzigkeit gegenüber den Menschen", wie ebenfalls der Koran sagt?

Heiliges und Profanes

Der von Mohammed aufgezeigte Weg besteht in der vorbehaltslosen Hinnahme der menschlichen Gegebenheiten. Es gibt im Islam keinerlei Diskrepanz zwischen Heiligem und Profanem: Diese Gegebenheit muß geheiligt werden, denn die Grundlage für die Suche nach dem Absoluten kann nur in der Harmonie liegen. Diese Heiligung des Alltäglichen wird vom Muslim angestrebt. Als Urbild der Vollkommenheit ist der Prophet Führer der kommenden Generationen, und zwar aufgrund seiner *ausgesprochenen Worte, Hadith,* als auch aufgrund seines *täglichen Verhaltens, Sunna.*

Liegt nicht im Bekenntnis des islamischen Glaubens etwas Unglaubwürdiges darin, daß es möglich ist, gleichzeitig den Einen, über alles erhabenen Gott und die Sendung des Propheten zu „bekennen", ohne im mindesten die göttliche Transzendenz oder die Menschlichkeit seines Gesandten zu verletzen?

Mohammed war als Gesandter *(rasul)* Gottes auch voll und ganz Mensch. Der Koran erinnert mehrfach hieran und unterstreicht dabei die Ambivalenz seiner Person: er ist Mensch, und zwar ein Mensch wie alle anderen, dessen Geburt und Tod keinerlei übernatürliche Aspekte aufweisen; er hat keine Wunder gewirkt; aber gleichzeitig ist er ein Prophet mit dem Auftrag, die empfangene göttliche Botschaft, den Koran, zu übermitteln. Dort heißt es:

„Sprich: ‚Ich bin zwar nur ein Mensch wie ihr; aber mir ist offenbart worden, daß euer Gott nur ein einziger Gott ist. Wer nun auf das Zusammentreffen mit Allah hofft, der handle rechtschaffen und verehre niemanden göttlich wie nur seinen Herrn allein'" (Sure XVIII,111). „Sprich: ‚Ich habe nie behauptet, daß die Schätze Allahs in meiner Gewalt sind, auch nicht, daß ich Allahs Geheimnisse weiß, auch sage ich nicht, daß ich ein Engel bin, sondern ich folge nur dem, was mir offenbart wurde.'" (Koran, VI,51).

Zum Auftrag Mohammeds heißt es: „Ich sandte euch meinen Propheten aus eurer Mitte, daß er euch fromm mache, euch das Buch lehre und Erkenntnis vermittle und euch unterrichte in dem, was ihr nicht wißt" (Sure II,152).

„Dieser Koran ist wahrlich eine Offenbarung des Herrn der Weltenbewohner, und der Treue hütende Geist (der Engel Gabriel) hat ihn in dein Herz gelegt, damit du predigst in deutlicher arabischer Sprache. Er ist auch schon in den Schriften der Früheren erwähnt" (Sure XXVI,193–197).

„Eine Schrift ist dir offenbart worden. Es komme daher keine Bangigkeit in deine Brust. Du mahnst und erinnerst die Gläubigen." (Sure VII2) „O, du Gesandter, veröffentliche alles, was dir offenbart worden ist" (Sure V,68).

„O Prophet, wir haben dich gesandt, Zeuge zu sein und Gutes zu verkünden und Strafen anzudrohen, daß du die Menschen

zu Allah nach seinem Willen rufst und ihnen als Licht vorleuchtest. Verkünde daher den Gläubigen die große Segensfülle von Allah." (Sure XXXIII, 46–48).
Der treue Freund Mohammeds, Abu Bakr, wurde nach dem Tod des Propheten erster Kalif. Er wies die Menschenmenge, die um den Propheten weinte, der sie gerade verlassen hatte, mit folgenden Worten auf dessen menschliche Natur hin: „Wenn ihr Mohammed verehrt habt, so wisset, er ist tot. Aber wenn ihr Diener Allahs seid, denkt daran, daß er ewig lebt, denn er ist das Ewige."

Die vierzig Lebensjahre Mohammeds in der Anonymität

Mohammed war nichts, was menschlich ist, fremd. Seine Lebensgeschichte zeigt ihn, wie er mit einem Großteil der Situationen konfrontiert wird, die in einem Menschenleben auftreten können. Bereits sehr früh erschienen die ersten Biographien Mohammeds. Er wurde in Mekka im Jahre 570 der christlichen Zeitrechnung geboren und stammt aus einer geachteten Familie des Stammes der Koraischiten, der die Stadt regierte. Die Mutter Amina (die Treue) verlor er, als er noch nicht sechs Jahre alt war. Sein Vater, Abd Allah (Sklave Allahs), Sohn des Abdal Muttalib, einer der prominentesten Führer der Oligarchie Mekkas, war auf einer Reise noch vor der Geburt des Kindes gestorben.
Trotz seiner adligen Abstammung war Mohammed sehr arm, und die ganze Erbschaft – wenige Schafe und fünf Kamele – stammten aus der Hinterlassenschaft eines Sklaven. Er wurde zuerst im Haus des Großvaters und später in dem seines Onkels väterlicherseits aufgenommen, dessen Sohn Ali in der Geschichte des Islam eine sehr bedeutende Rolle spielen sollte.
Da es zu jener Zeit in Mekka keine Schulen gab, lernte Mohammed weder lesen noch schreiben, eine Tatsache, die sich in der Folgezeit als sehr bedeutungsvoll herausstellen sollte.
Mit etwa 20 Jahren trat er in den Dienst der schönen und reichen Witwe Chadidscha; sie trieb Handel, und Mohammed arbeitete für sie als Karavanenführer. Nach einigen Jahren war sie es, die ihn zur Heirat aufforderte. Die 595 geschlossene Ehe war sehr glücklich, und sie hatten sechs Kinder, von denen das älteste bereits früh starb.
Etwa zehn Jahre später zerstörte ein Feuer und anschließend eine Überschwemmung die Kaaba, die die Bewohner Mekkas an der ursprünglichen Stelle wiedererrichteten und dabei die nach der Überlieferung bis auf Abraham zurückgehenden Fundamente wiederverwendeten. Als es darum ging, den „schwarzen Stein" an seinen Platz zurückzubringen, stritten sich die Vertreter der Stämme um diese Ehre. Schließlich beschloß die Mehrheit, auf denjenigen zu hören, der als erster einen Schiedsspruch zu fällen imstande war. Mohammed kam auf den Gedanken, den Stein auf ein von allen Stammesmitgliedern gehaltenes Tuch zu legen, um jede Rivalität zu vermeiden; er selbst legte ihn an seinen Platz. Die neuerrichtete Kaaba wurde mit Statuen und Wandmalereien verziert. Rundherum waren dreihundert Götterbilder aufgestellt, die von den Bewohnern Mekkas verehrt wurden.
Mit wachsender Intensität erstrebte Mohammed jedoch etwas anderes. Nicht weit entfernt von seinem Haus lag der Berg Hira, auf dessen Abhang eine Höhle lag. Es wurde ihm zur Gewohnheit, jedes Jahr im Monat *Ramadan* sich dorthin zum Gebet und zur Meditation zurückzuziehen. Nach der Aussage seiner Biographen hatte er hier bald „Träume, so klar wie der Morgen", die sich verwirklichten; außerdem hörte er eine Stimme, die ihn beim Namen rief.

Die Offenbarungen des Engels

Im Jahre 610, in seinem vierzigsten Lebensjahr, trat das Ereignis ein, das für seine Sendung und in weitem Maße auch für das Schicksal der islamischen Welt ausschlaggebend wurde. Am siebenundzwanzigsten Tage des Monats *Ramadan,* der heute in der gesamten islamischen Welt als „Nacht des Schicksals" oder „des Dekretes" *(laylatu 'l-qadri),* gefeiert wird, sah Mohammed in der Tiefe der Höhle ein leuchtendes Etwas. Es sprach ihn an, verkündete ihm, daß er von Allah zum Gesandten erwählt worden war und zeigte ihm eine mit Zeichen bedeckte Stoffrolle und befahl ihm zu lesen. Mohammed antwortete, daß er nicht lesen könne. Da wiederholte der Engel dreimal den Befehl und sagte dann:
„Lies im Namen deines Herren, der alles geschaffen hat und der den Menschen aus geronnenem Blut („Erdklumpen") erschuf. Lies, bei deinem Herrn, dem glorreichsten, der den Gebrauch der Feder lehrte und den Menschen lehrte, was er nicht gewußt hat." (Sure XCVI, 2–6).
Mohammed hatte in seinem Herzen den ersten Vers des heiligen Buches des Islam empfangen. Als er die Höhle verließ, sah er, daß ein Engel den gesamten Raum ausfüllte.
Die Vision erschütterte ihn. Von einem verständlichen Schrekken gepackt, vertraute er sich zu Hause seiner Frau an, denn er fürchtete, Opfer einer Halluzination geworden zu sein. Chadidscha beruhigte ihn, denn sein Geist war zu klar und sein

Herz zu rein, um in Verwirrung zu geraten. Chadidschas Vetter Waraqa bekräftigte ihn in der Meinung, daß der Überbringer der göttlichen Botschaft der gleiche war, der schon zu Mose und den Propheten gesprochen hatte.

Doch die Offenbarung wurde unterbrochen, und Mohammed litt qualvoll darunter. Obwohl ihn die treue Chadidscha tröstete, dachte er an Selbstmord. Er verstärkte seine Andachten und verbrachte die Nächte im Innenhof der Kaaba: Dies war die tiefschwarze Nacht, von der die Mystiker aller Religionen sprechen. Schließlich erhielt er eine neue Botschaft: „Bei dem hellen Tag und bei der finsteren Nacht! Dein Herr hat dich nicht verlassen, auch haßt er dich nicht. Wahrlich, das zukünftige Leben wird besser für dich sein als das gegenwärtige, und dein Herr wird dir eine Belohnung geben, womit du vollkommen zufrieden sein wirst. Hat er dich nicht als eine Waise gefunden und Sorge für dich getragen? Hat er dich nicht in Irrtum gefunden und dich recht geleitet? Hat er dich nicht arm gefunden und dich reich gemacht? Darum bedrücke nicht die Waise und verscheuche nicht den Bettler, sondern verbreite die gnädige Wohltat deines Herrn." (Sure XCIII, 2–12).

Mit diesem Befehl begann die Missionstätigkeit Mohammeds, die sich zuerst auf die Familie beschränkte, die Frau Chadidscha, den Vetter Ali, den Adoptivsohn Zay, den Schwiegersohn Othman. Sie wurden die ersten Anhänger des Islam. Es ist naheliegend, daß gerade die, die Mohammed am besten kannten, als erste Vertrauen zu ihm hatten. Nach einer Zeitspanne von drei Jahren wurde ihm offenbart, seinen Landsleuten zu predigen: „O du Gesandter, veröffentliche alles, was dir offenbart worden ist; tust du das aber nicht, so hast du seine Sendung nicht vollbracht. Allah wird dich vor den Menschen schützen; denn Allah leitet nicht ein ungläubiges Volk." (Sure V, 68).

Dreiundzwanzig Jahre lang wurden ihm in verschiedenen Zeitabständen die einzelnen Teile, die später zum Koran, dem heiligen Buch des Islam, zusammengefügt wurden, offenbart. Heute besteht dieses Buch aus 114 ungleich langen und chronologisch nicht geordneten Kapiteln *(Suren)*.

Keine noch so gute Übersetzung ist in der Lage, die unvergleichliche Schönheit der Koransprache wiederzugeben, die bis in unsere Tage unerreicht geblieben ist. Ebenso unerklärlich erscheinen für den menschlichen Verstand die tiefe Einheit und innere Logik, die jene über eine Zeitspanne von über zwei Jahrzehnten erfolgte Offenbarung durchdringen. Tatsächlich wurde jeder Vers, so wie er „herabkam", in diese oder jene noch unvollendete Sure an einer bestimmten Stelle eingefügt. Dies geschah nach einer gleichzeitig literarischen, logischen und propädeutischen Ordnung. Der Inhalt reicht von der Prophezeiung bis zur Sendung, von der an Mohammed gerichteten Verkündung, die göttliche Lehre zu empfangen, bis zur letzten Botschaft kurz vor seinem Tod, daß seine Mission vollendet sei.

In Kairo gibt es ein beeindruckendes Exemplar des Korans, bei dem es sich wahrscheinlich um die erste Niederschrift handelt, die Ali, sein Vetter und späterer Schwiegersohn, verfaßte. Es besteht aus kleinen, in Form und Größe unterschiedlichen Stücken Gazellenleder, auf die die einzelnen Verse im Moment der Eingebung niedergeschrieben wurden. Hier ist gefühlsmäßig die ganze Spontaneität dieser von Mohammed diktierten Worte spürbar. Diese unzähligen Fragmente wurden später nach einer vom Propheten angegebenen Ordnung gesammelt, der sie diktieren mußte, da er ja weder lesen noch schreiben konnte. Die fehlende Bildung des Propheten zeigt, wie ein großer moderner Denker (H. S. Nasr in *Islam, prospettive e realtà)* zurecht hervorhebt, bis zu welchem Punkt der menschliche Nährboden vollkommen passiv gegenüber dem Göttlichen blieb. „Ohne diese Reinheit und Jungfräulichkeit der Seele wäre das göttliche Wort mit irgendwelchem rein menschlichem Wissen entwertet worden und hätte der Menschheit nicht in seiner ursprünglichen Reinheit weitergegeben werden können. Der Prophet verhielt sich vollkommen passiv gegenüber den von ihm empfangenen Offenbarungen. Er fügte nichts Eigenes hinzu. Er schrieb kein Buch, sondern übermittelte der Menschheit das heilige Buch."

In diesem Zusammenhang sollte erwähnt werden, daß muslimische Mystiker oft die Jungfrau Maria mit der Seele des Propheten Mohammed verglichen haben. Das göttliche Wort ist im Islam der Koran, im Christentum das durch Christus verkündete Wort Gottes.

Angesichts eines auch für die erbittertsten Gegner des Islam in seiner Authentizität unanfechtbaren Textes, der auch bezüglich der Textexegese keinerlei Zweifel aufkommen läßt, reduziert sich das Grundproblem praktisch auf die Frage: wie kann nachgewiesen werden, daß es sich nicht um ein geniales, aber doch menschliches Werk handelt?

Abgesehen vom Zauber der Formschönheit – das einzige Wunder übrigens, auf das der Islam Anspruch erhebt – und dem hohen Niveau der Unterweisungen, fällt es schwer, einem Menschen des 7. Jahrhunderts die Darlegung geschichtlicher und wissenschaftlicher Wahrheiten zuzuschreiben, die erst lange Zeit nach seinem Tod für richtig erkannt wurden. Vor allem aber die Persönlichkeit Mohammeds, seine Aufrichtigkeit, die auch von seinen Gegnern bestätigt wird – in Mekka nannte man ihn Amin (der Aufrichtige) –, läßt von vornherein den Verdacht, es handle sich um Betrug, ausschließen. Auch sein Mut, den er bei grausamen Prüfungen bewies, wäre dann unverständlich. Er konnte sie nur deshalb ertragen, weil er seine Sendung durch Gott, die ihm nichts als Leid brachte, unter Beweis stellen wollte.

Als er auf göttlichen Befehl den Kreis seiner Anhänger erweiterte, begannen die Verfolgungen. Die betenden Muslime wurden zerstreut, die Stimme Mohammeds unterdrückt und er selbst mit Schmähungen überschüttet. Seine Gegner versuchten, ihn zu erwürgen und spuckten ihm ins Gesicht. Er ertrug alle Kränkungen mit Schweigen; als er einige Jahre später in der Schlacht von Uhud oder Ohod verletzt wurde, forderten ihn seine Jünger auf, Allah gegen seine Feinde anzurufen, worauf er nur sagte: „Herr, führe mein Volk auf den rechten Weg. Sie wissen nicht, was sie tun." Sklaven, die zum Islam übertraten, wurden gepeitscht und gefoltert, wie der Neger Bilal. Als er sah, wie dieser sterbend unter der brennenden Sonne lag und gesteinigt wurde, beschloß Abu Bakr, ihn loszukaufen. Bilal wurde der erste *Muezzin* (so heißen die Männer, die zum Gebet rufen).

Zu diesem Zeitpunkt riet Mohammed den schwächsten unter den neuen Muslimen, nach Abessinien zu flüchten und Schutz bei dem christlichen Negus zu suchen. Etwa achtzig Anhänger folgten seinem Rat und fanden freundliche Aufnahme.

Im Jahre 620, dem „Jahr der Trauer", verlor Mohammed seine Frau Chadidscha und den Onkel väterlicherseits, Abu Talib, der ihn, obwohl er sich nie zum Islam bekehrte, stets beschützt hatte. In jenem Jahr hatte er die berühmte Vision der Nachtfahrt *(isra):* Nach Jerusalem getragen, begegnete er bei seinem Aufstieg auf der Himmelsleiter *(mirag)* den Propheten, die ihm vorausgegangen waren, und brachte der Gemeinschaft als Geschenk die Verordnung der fünf rituellen Gebete zurück. Wie bekannt, diente diese „Himmelsreise" Dante als Vorlage für seine *Divina Commedia.*

Isra, die „Reise während der Nacht", und *Mirag,* wörtlich „Himmelfahrt", „Aufstieg", „Leiter", fallen in die Zeit, die Mohammed in Mekka verbrachte. Hierzu heißt es im Koran (Sure XVII, 2):

„Lob und Preis sei ihm, der seinen Diener zur Nachtreise vom heiligen Tempel zu Mekka zum fernen Tempel von Jerusalem geführt hat. Diese Reise haben wir gesegnet, damit wir ihm unsere Zeichen zeigen."

Den *Hadith* (Teile der Lehre Mohammeds, die nicht göttliche Offenbarung sind) des Propheten, die von seinen Gefährten wiedergegeben wurden, ist zu entnehmen, daß er von der *Masgid al haram* zur *Masgid al aqsa,* von Mekka nach Jerusalem, vom unantastbaren Tempel der Kaaba zur fernsten Anbetungsstätte, nämlich Jerusalem, gebracht wurde. Sein Aufstieg brachte ihn in den siebten Himmel und ließ ihn die größten ihm auf Erden vorausgegangenen Propheten treffen: Adam, Noach, Mose, Abraham, Jesus. Der Erzengel Gabriel führte ihn ein Stück seines Weges, hatte aber nicht die Erlaubnis, ihn noch weiter zu begleiten. Mohammed stieg allein weiter auf und empfing von Gott das Geschenk des rituellen Gebets. Nachdem er es empfangen hatte, sprach er es sogleich vor den Propheten, die zu seinem Empfang erschienen waren.

Mit seinen Predigten hatte Mohammed einigen Erfolg bei den Bewohnern von Jathrib, die in den Jahren 620 und 621 zur Wallfahrt nach Mekka erschienen waren; in Akaba verpflichteten sich zwölf Pilger, die neue Religion anzunehmen, keine anderen Götter zu verehren, keine Kindesopfer, keinen Diebstahl, keine Verleumdung und keinen Ehebruch zu begehen. – Die Bewohner Mekkas jedoch ließen sich nicht überzeugen.

Die Flucht nach Medina

Von diesem Zeitpunkt an fanden die neu bekehrten Muslime in Jathrib eine Zuflucht. Mohammed schickte etwa sechzig Konvertiten dorthin und bereitete sich selbst darauf vor, ihnen gemeinsam mit dem treuen Abu Bakr zu folgen. Auf beide hatten die Mekkaner eine Kopfprämie ausgesetzt. Zur Flucht gezwungen, blieben sie drei Tage in einer Höhle am Berg Tur (Thaur) versteckt. Die Verfolger, die auf ihre Spur gestoßen waren, fanden sie jedoch nicht, weil eine Spinne ihr Netz über den Eingang der Höhle gesponnen hatte, so daß die Verfolger glauben mußten, die Höhle sei seit längerer Zeit nicht betreten worden. Eine Sure des Korans (IX, 40), *Die Spinne,* erinnert an dieses Ereignis und sagt, „Allah war mit ihnen", wie der Prophet zu Abu Bakr gesagt hatte. Einige Tage später erreichten sie Jathrib, das später den Namen Medina *(Madinat an nabawi,* die Stadt des Propheten) erhielt. Der Tag, an dem sie die Stadt betraten (16. Juli 622 christlicher Zeitrechnung), wurde zum Ausgangspunkt der muslimischen Zeitrechnung (genannt Hedschra = Auswanderung).

Mohammed fand Aufnahme in der Stadt Medina, aus der die Familie seiner Mutter stammte. Er ließ sich hier nieder, und es gelang ihm, gegen Widerstände und Schwierigkeiten, Medina in einen Stadtstaat mit einer eigenen Verfassung umzugestalten. Obwohl den zahlreichen hier lebenden Juden ihre alten Rechte belassen wurden, leisteten sie der Reform Widerstand.

Der Kampf gegen die Bewohner Mekkas

Das gleiche gilt für die Mekkaner, welche die Anhänger Mohammeds dazu verleiten wollten, Mohammed ihnen auszuliefern. Die Schlacht von Badr (624) war insofern von Bedeutung, als eine kleine Gruppe von Muslimen den zahlenmäßig weit überlegenen Bewohnern Mekkas eine schwere Niederlage beibrachte. Im Jahre 627 erlitten die Mekkaner im sogenannten Grabenkrieg eine weitere Niederlage. Das Verhalten des Propheten gegenüber den Gegnern, unter denen Frauen, Alte und Kinder waren, stand im Einklang mit dem islamischen Kriegsrecht, das Beweise der Menschlichkeit verlangt. In diesem Zusammenhang soll hervorgehoben werden, daß der Koran als einzige legitime Form des Krieges den Verteidigungskrieg anerkennt. Die Zusammenstöße zwischen den Bewohnern Mekkas und Medinas beschränkten sich auf kleinere Kämpfe: der „Grabenkrieg" forderte nur sechs Opfer auf der Seite Medinas und acht auf der Seite Mekkas.
Inzwischen unternahm der Prophet weitere Versöhnungsversuche. Er schickte trotz der erklärten Feindschaft den von Hungersnot bedrohten Mekkanern die beachtliche Summe von 500 Golddinaren. Außerdem hob er das Verbot, Lebensmittel nach Mekka zu senden, auf.
Diese Annäherungsversuche blieben meist ergebnislos, und die Unterhändler wurden sogar mißhandelt und eingekerkert. Daraufhin versammelte Mohammed seine Gefährten unter einem Baum in Hudaibiya und nahm ihnen das Versprechen ab, wenn notwendig, bis zum Tod zu kämpfen. An diesem Ort wurde eine schöne Moschee errichtet. Der schließlich abgeschlossene zehnjährige Waffenstillstand ermöglichte es Mohammed, die *Umra,* die kleine Wallfahrt zur Kaaba, außerhalb der üblichen Zeiten anzutreten. In der Zwischenzeit waren verschiedene Bündnisse mit den einzelnen Stammesführern geschlossen worden, und viele hervorragende Persönlichkeiten, wie Khalid ibn al Walid, ein berühmter mekkanischer General, waren freiwillig zum Islam übergetreten. Von diesem Zeitpunkt an breitete sich der Islam über die gesamte Halbinsel aus. Der Prophet baute Kontakte zu den iranischen Kolonien in Arabien auf, und innerhalb weniger Wochen löste sich das Gebiet von Bahrein von der sassanidischen Krone und wandte sich dem Islam zu.

Von Hudaibiya nach Medina zurückgekehrt, sandte der Prophet Botschaften an die Kaiser Chosrau II. und Herakleios I., dem die Kopten in Ägypten unterstanden, mit der Aufforderung, sich zum Islam zu bekehren (6. Jahr der Hedschra). Im 9. Jahr sandte er erneut eine Botschaft an Herakleios nach Byzanz mit der Aufforderung, die Gewissensfreiheit derjenigen seiner byzantinischen Untertanen zu respektieren, die beabsichtigten zu konvertieren, auch wenn er selbst nicht dem Islam beitreten wolle.
Die Botschafter oder Delegierten, die der Kaiser von Byzanz, die Mekkaner oder andere zum Propheten sandten, genossen – wie wir heute sagen würden – volle diplomatische Immunität. „Als die Christen aus Najran mit einer Delegation in Medina erschienen und darum baten, ihre religiösen Handlungen während einer Audienz beim Propheten vornehmen zu dürfen, wurde ihnen dies sogar im Innern der Moschee gestattet, wo sie ein Gespräch mit dem Propheten führten. Wie die muslimischen Chronisten berichten, wandten sie sich nach Osten, erhoben vielleicht auch ihre Kreuze und feierten die christlichen Riten" (G. M. Hamidullah, *Le prophète de l'Islam*).
Das mit den Najraniten geschlossene Abkommen ist charakteristisch für den Geist brüderlicher Toleranz des Propheten, und vor allem für seinen Respekt gegenüber den Gläubigen anderer monotheistischer Religionen. Seine Worte lauten:
„Der Schutz Gottes und die Garantie des Propheten Mohammed, des Gesandten Gottes, erstrecken sich auf die Stadt Najran und ihre Umgebung, auf die Güter, die Bewohner, die Ausübung der Kulte, auf Anwesende und Abwesende, auf ihre Familien, die Heiligtümer und alles, was, ob groß oder klein, zu ihrem Besitz gehört. Kein Bischof wird von seiner Diözese entfernt, kein Mönch aus seinem Kloster, kein Priester aus seiner Pfarrei. Keine Demütigung wird sie treffen noch das Blut der Rache aus der Zeit vor der Unterwerfung. Sie werden nicht an einem Ort versammelt, noch der Abgabe des Zehnten unterworfen. Kein Heer wird auf ihrem Boden eindringen. Und wenn einer fordert, was ihm zusteht, wird ihm Gerechtigkeit widerfahren. Es wird weder Unterdrücker noch Unterdrückte geben." (G. M. Hamidullah).

Die Abschiedspredigt

Als der Prophet nach zwanzig Jahren Kampf und Leid Mekka erobert hatte, erließ er eine Generalamnestie und verlangte nicht einmal die Güter zurück, die er und seine Gefährten zum Zeitpunkt der Emigration hatten zurücklassen müssen.

Im Jahre 632 unternahm Mohammed feierlich, von neunzigtausend Pilgern begleitet, eine Wallfahrt *(hagg)*.
Ein Vers des Korans, der während der letzten Pilgerfahrt des Propheten (7. März 632) offenbart wurde, verkündete Mohammed, daß seine Mission vollbracht sei: „Heute habe ich für euch eure Religion vollendet und meine Gnade zu euch erfüllt und euch den Islam zur Religion gegeben." (Sure V, 3).
Am gleichen Tag hielt der Prophet während der Wallfahrt vor 140000 Gläubigen in Arafa vom Gipfel des Berges der Barmherzigkeit herab seine „Abschiedspredigt". Diese Worte leben ewig im Herzen aller muslimischen Gläubigen weiter. Die wichtigsten Stellen lauten: „O Menschen, höret mir gut zu. Vielleicht werde ich am Ende dieses Jahres nicht mehr bei euch sein. So wie diese Tage, diese Monate, diese Stadt euch heilig sind, so sei euch auch Leben, Gut und Ehre eines jeden anderen heilig. Die Schwachen, die Schwachen unter euch – gebt ihnen zu essen von dem, was ihr esset, kleidet sie, wie ihr euch kleidet. Eines Tages werdet ihr vor eurem Schöpfer stehen, und ihr werdet Rechenschaft ablegen müssen für euer Tun..."
Nachdem er an das Verbot, Wucher zu treiben und Rache zu nehmen, erinnert und einige nähere Angaben zum Kalender gemacht hatte, fuhr er fort: „Leute, ihr habt Rechte euren Frauen gegenüber, und die Frauen haben Rechte euch gegenüber. Ihr Männer habt das Recht, von euren Frauen zu fordern, die Treue zu halten und Schändlichkeiten zu meiden; wenn sie dergleichen begehen, dann erlaubt euch Gott, euch von ihnen zurückzuziehen und sie mit Schlägen zu züchtigen, aber so, daß ihr ihnen keinen Schaden zufügt; wenn sie sich aber wieder geziemend verhalten, dann habt ihr ihnen gegenüber wie früher die Pflicht, ihnen, wie es sich gehört, Nahrung und Kleidung zu beschaffen. Behandelt sie gut, denn sie sind bei euch Gefangene, die über sich nicht verfügen können; ihr habt sie zu Frauen genommen, und Gott hat sie euch anvertraut, und auf Gottes Wort hin übt ihr ihnen gegenüber euer eheliches Recht aus!...
Ihr Leute! vernehmt mein Wort mit Verständnis, denn ich habe den Sendungsbefehl Gottes ausgeführt und hinterlasse euch das, was euch die sichere Gewähr bietet, daß ihr niemals irre gehen werdet, wenn ihr euch daran haltet: ich hinterlasse euch das Buch Gottes, das keinem Zweifel Raum gewährt und hinterlasse euch die Richtlinien, nach denen der Prophet Gottes gehandelt hat...
Leute, hört auf mein Wort und vernehmt es mit Verständnis und lernt begreifen, daß jeder Muslim der Bruder des Muslim ist, und daß die Muslim alle untereinander Brüder sind, daß keiner ein Recht auf das Eigentum des anderen hat, außer wenn es ihm dieser aus gutem Herzen gibt...
Und eure Sklaven, eure Sklaven! Gebt ihnen zu essen von dem, was ihr eßt und gebt ihnen Kleider von den Stoffen, die ihr tragt! Und wenn sie Fehler begehen, die ihr ihnen nicht zu verzeihen vermögt, dann verkauft sie (damit ihr sie nicht etwa aus Abneigung ungerecht behandelt), sie sind ja Sklaven Gottes und dürfen daher nicht mißhandelt werden!
„Bei Gott, habe ich meine Sendung vollendet?" Und die Volksmenge rief: „Ja!" Und der Prophet sagte: „Gott, bezeuge es" (daß ich meine Sendung erfüllt habe).
Diese Predigt kann als das Testament des Propheten betrachtet werden. Drei Monate später starb er in Medina. Seine letzten Worte waren: „Zum Allerhöchsten Freund". Sie wuschen seinen Körper, wickelten ihn in Leintücher, und die Gläubigen zogen an ihm vorbei mit den Worten: „Friede sei mit dir, oh *Rasul* (Gesandter) Allahs! Wir bezeugen, daß du die Botschaft überbracht hast, daß du dich bemüht hast, seinen Spuren zu folgen bis zur Verherrlichung und Vollendung der Religion."
Mit den gleichen Worten erweisen die Muslime noch heute, nach dreizehn Jahrhunderten, am Grab des Propheten, an dem Ort, an dem er starb, ihre Ehrerbietung.
„Auch nach dreizehn Jahrhunderten ist seine geistige Gegenwart fast ebenso lebendig wie zu seinen Lebzeiten. Ihm allein ist es zuzuschreiben, daß ein paar Dörfer, die früher Jathrib hießen, sich in eine Stadt verwandelten, die bis heute von den Muslimen wie keine andere Stadt der Welt geliebt wird, eine Stadt, die bis heute ohne eigenen Namen geblieben ist, da sie seit dreizehn Jahrhunderten *Madinat an nabawi*, ‚Stadt des Propheten', genannt wird. Seit über dreizehn Jahrhunderten ist diese Liebe hier zusammengeflossen, so daß alle Formen, alle Gesten familiär geworden, alle äußeren Unterschiede verwischt worden sind, um sich in eine allgemeine Harmonie zu integrieren.
Das Glück ist so groß, daß man sich ständig darauf freut: diese vereinende Harmonie... Die spirituelle Bindung, die [alle Araber] in ihrer großen geistigen Vergangenheit vereint, ist an diesem Ort noch spürbar. Nie wurde eine Stadt der Welt nur wegen eines einzigen Mannes dermaßen geliebt, nie wurde ein Mensch, der seit über dreizehn Jahrhunderten tot ist, als Person von einer so unermeßlichen Zahl von Menschen geliebt wie der, der unter der grünen Kuppel liegt." (Muhammad Asad, *L'itinerario della Mecca)*.

Das Land des Islam

Vorhergehende Seite: „Allah ist groß ...“. Ein betender Gläubiger bei Sonnenuntergang mitten in einem Erdölfeld. Wo immer sich muslimische Gläubige befinden, sie werden stets zur festgesetzten Zeit nach Mekka gewendet ihr Gebet verrichten. Die Richtung (Kibla) *nach Mekka wurde von Mohammed angegeben; ursprünglich zeigte die Kibla nach Jerusalem.*

Oben: Das weite Gebiet des Hedschas mit den felsigen Bergen, die Mekka umgeben. Die Straßen folgen den alten Karawanenwegen und führen von Mekka nach Medina, nach Jiddah und weiter bis nach Aden im Süden und nach Jerusalem im Norden.
Der italienische Reisende Ludovico de Varthema schreibt im 16. Jahrhundert: „... die Stadt [Mekka] hat keine Mauern ... die Mauern ... sind die Berge, die sie von allen Seiten umgeben."
Folgende Seiten: Die Sandwüste in der Umgebung von Riad im Inneren der arabischen Halbinsel.

Links: Luftaufnahme der Ebene von Arafa, in deren Mitte der Berg der Barmherzigkeit (Rahma) *liegt und die halbkreisförmig von Bergen umgeben ist. Arafa ist eine der Stationen* (Wukuf) *auf dem Wege nach Mekka. Hier werden am neunten Tag des Pilgermonats von Mittag bis Sonnenuntergang die vorgeschriebenen Kulthandlungen vollzogen. Zwei weitere nahegelegene Stationen sind Mina und Muzdalifa.*
Unten: Geheimnisvolle Gravierungen in den Steinen der Ruinen von Najran. Zwei ineinander verschlungene Schlangen erinnern an Sakina, den Geist in Gestalt einer zweiköpfigen Schlange, der Ibrahim (Abraham) den Ort wies, an dem die Kaaba errichtet werden sollte.
Folgende Seiten: Weidende Schafe mit einem Schäfer bei der Oase von Najran. Im Unterschied zu den kamelzüchtenden Nomaden sind die Schafzüchter halbseßhaft, da sich die Schafe nicht zu weit von den Wasserstellen entfernen können.

Links: Kamele, die Wüstenschiffe. Die muslimischen Truppen verdanken ihre Siege zum guten Teil den Kamelen und den Araber-Pferden. Die Nomaden benutzen das Kamel nicht nur als Lasttier, sondern es liefert ihnen auch Milch, Fleisch, Haare und Fell.

Folgende Seiten: Al Hedscher (Felsenstadt), die der fünfzehnten Sure des Korans den Namen gab; sie ist identisch mit den Ruinen des antiken Thamud (heute Madain Salih, 300 km nördlich von Medina). Das hier lange Zeit vor der Entstehung des Islam lebende Volk wurde durch ein Erdbeben ausgelöscht, das der Zorn Allahs bewirkt hatte, weil die Ermahnungen des Propheten Saleh nicht beachtet worden waren (7. Sure, 79).

Oben: Königsgrab in Madain Salih.
Der Historiker Al Masudi (gestorben 956) gibt als den ersten König von Thamud Abir an, Sohn des Aram, Sohn des Thamud, Sohn des Abir, Sohn des Sem, Sohn des Noach, der zweihundert Jahre regierte. Das Volk von Thamud wurde während der Herrschaft des Junda, Sohn des Amr, Nachfolger des ersten Königs, ausgerottet.
Rechts: Nomaden in einem Wüstengebiet. Sie lassen sich dort nieder, wo es Wasser gibt. Im Vordergrund die Zelte der Nomaden, im Hintergrund eine Pipeline. Das aus dem Boden austretende Erdgas hat sich selbst entzündet.
Folgende Seiten: Kornernte in Asir, dem fruchtbaren Hochland am Rande der wüstenhaften arabischen Halbinsel; es wird manchmal wegen einiger kleiner Wasserläufe, die die grünen Felder durchfließen, als das im Koran beschriebene Paradies betrachtet.

Die Wallfahrt nach Mekka

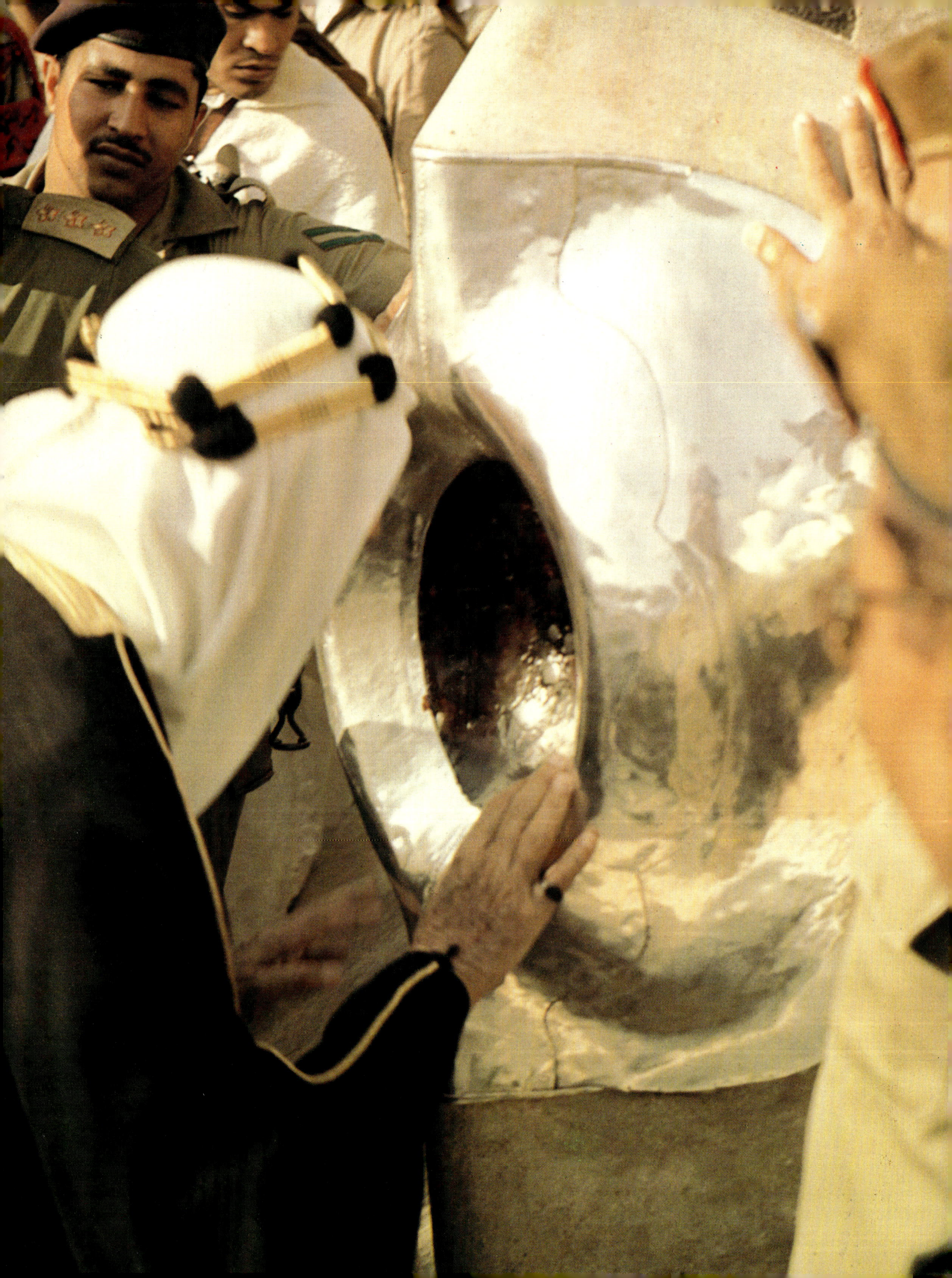

Links: Eröffnung der großen Pilgerfahrt im Januar 1972. König Feisal erreicht die Moschee und küßt den heiligen schwarzen Stein, der in der südöstlichen Ecke der Kaaba eingelassen ist; zuvor hatte der König der Vorschrift entsprechend den Tawaf, *die siebenmalige Umschreitung der Kaaba, vollzogen.*

Vorhergehende Seite: Der Zugang zur Kaaba. Nachdem man das „Tor des Königs" durchschritten hat und einige Steinstufen hinabgestiegen ist, hat man die Kaaba vor Augen und hört das Gemurmel und die Gebete. Der bereits erwähnte Ludovico de Varthema beschreibt den Ort wie folgt: „Inmitten der Stadt liegt ein herrlicher Tempel, vergleichbar mit dem Kolosseum in Rom ... und hat neunzig oder hundert Tore ringsherum. Am Eingang zu diesem Tempel steigt man überall zehn oder zwölf Stufen hinunter."

Unten: Das erste Mal im Jahr wird die Goldene Pforte der Kaaba jeweils vom König geöffnet, der das Innere der Moschee mit wohlriechendem Öl besprengt. Während des Reinigungsrituals knien die Vertreter der islamischen Länder im Gebet um das Makam Ibrahim, *den Fußabdruck Abrahams, der sich in der Kaaba befindet.*
Rechts: Mitglieder der Königsfamilie verlassen nach dem Reinigungsritual die Moschee unter dem Ruf der Gläubigen „Allah akbar" (Allah ist groß). Unter ihnen Kronprinz Fahd.

Unten: Die Gläubigen sind nach einer zum Teil langen und beschwerlichen Reise an der heiligen Stätte angelangt, für sie ein Augenblick höchster Seligkeit.
Links: Zu Tränen gerührter Gläubiger an der Mauer der Kaaba.
Ludovico de Varthema schreibt weiter:
„Das Volk vergoß viele Tränen über seine Sünden und leistete sich gegen die Brust schlagend Buße, und man hörte lautes Weinen."

Die folgenden Seiten zeigen einzelne Stationen der Pilgerfahrt.
Seite 40: Das Ritual Say, *die Zurücklegung einer bestimmten Wegstrecke, in Erinnerung daran, wie Hagar, die Frau Abrahams, die Strecke zwischen Safa und Marwa, zwei Hügel in der Nähe von Mekka, sieben Male auf der Suche nach einer Quelle für den dürstenden Sohn Ismael ablief.*
Seite 41: Alte und Kranke werden auf Holztragen beim Tawaf *mitgeführt.*
Seiten 42–43: Blick von dem Minarett über der „Pforte des Königs" auf den Tawaf. *Er wird von den Gläubigen entgegen dem Uhrzeigersinn um die Kaaba ausgeführt. Die Kaaba ist bedeckt mit der* Kiswa, *einer über zwei Tonnen schweren schwarzen Brokatdecke, auf der in Gold Verse des Korans gestickt sind.*
Seiten 44–45: Die Moschee ist auch abends mit Pilgern aus aller Welt gefüllt, ihre Stimmen sind ohne Unterbrechung den ganzen Tag hindurch zu hören.

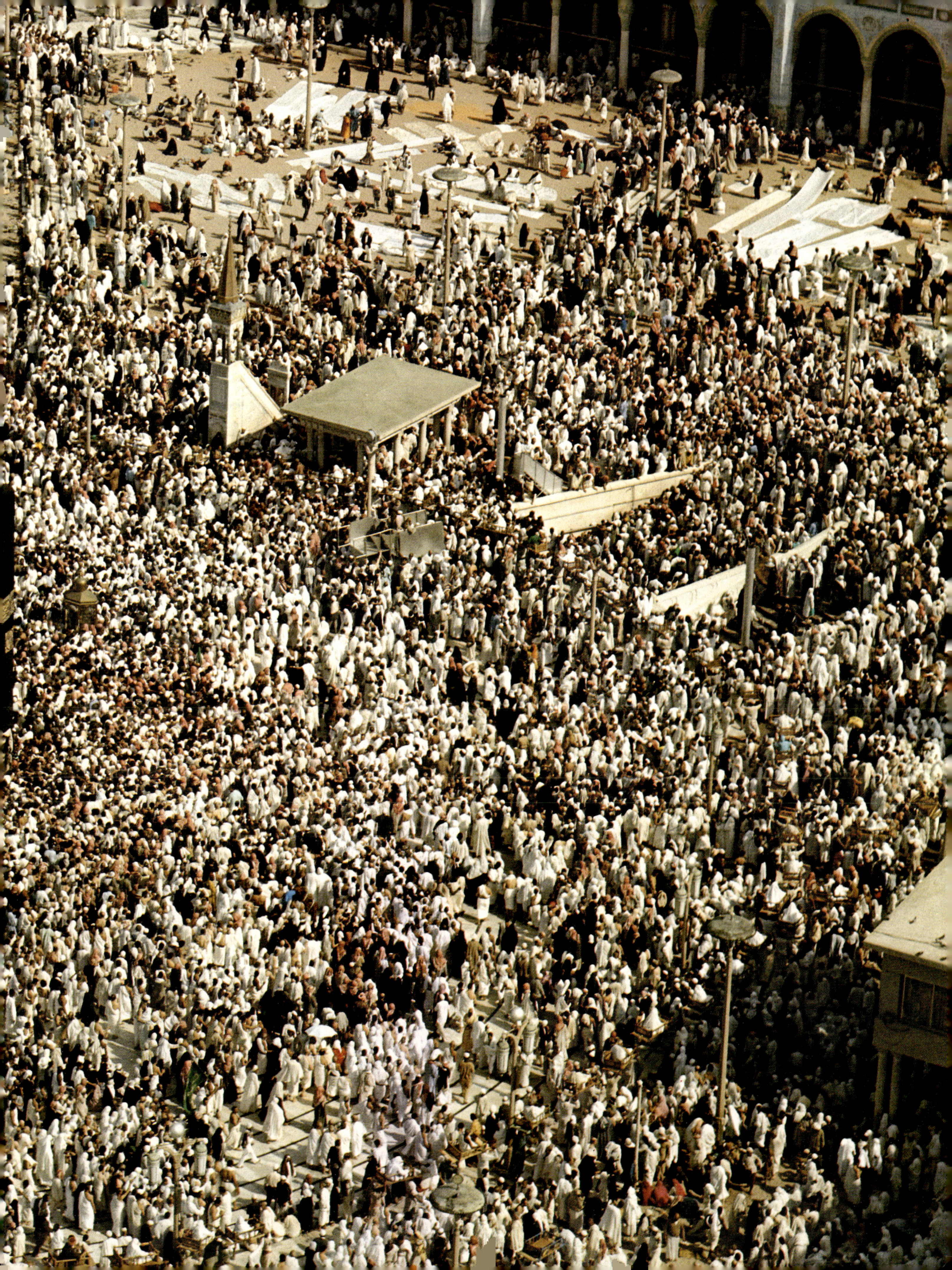

Die unüberschaubare Pilgerschar drängt sich in ein Meer von Zelten. Muslime aus aller Welt ehren auf der Ebene von Arafa bei Mekka das Leben des Propheten Mohammed und bezeugen ihre Ehrfurcht vor Allah.
„[1] Im Namen Allahs, des Allbarmherzigen! [2] Lob und Preis sei Allah, dem Herrn allen Lebens, [3] dem gnädigen Allerbarmer, [4] der am Tage des Gerichtes herrscht. [5] Dir allein wollen wir dienen, und dich allein flehen wir um Beistand an. [6] Führe uns den richtigen Weg, [7] den Weg derer, welche sich deiner Gnade freuen – und nicht den Pfad jener, über die du zürnst oder die in die Irre gehen!"
Das ist die erste Sure des Korans, zugleich auch eines der verbreitetsten Gebete der Muslime.

Unten: Nach den feierlichen Handlungen in der Moschee auf dem Weg zum Berg Rahma in der Ebene von Arafa. Die Zeltstöcke werden auf den Schultern getragen, das Wasser mit dem Proviant am Arm.

Rechts: Auf dem Weg zur Ebene von Arafa. Die Pilgerfahrt zu den heiligen Stätten des Islam ist für den Muslimen das wichtigste religiöse Ereignis. Grundlegend für das tägliche religiöse Leben eines jeden Muslimen ist das Gebet aus fünf Teilen: das Gebet am Morgen (al fagir), *das am frühen Nachmittag* (zuhr), *das am Nachmittag* (asr), *das beim Sonnenuntergang* (maghrib) *und das der Nacht* (isha). *Diese Gebete werden in beeindruckender Gleichförmigkeit vom* Muezzin *vom Minarett herab zu den Gläubigen gesprochen.*

Oben: Pilger aus Afrika (links) und Asien (rechts).
Größte Bedeutung erlangt ein Gebet, das bei religiösen Festen gesprochen wird. Neben dem an jedem Freitag in der Hauptmoschee gemeinschaftlich gesprochenen Gebet sind hier folgende Festtage zu nennen: Ashura *(dem Allerseelentag und dem jüdischen Jom Kippur ähnlich);* Mulud *(Geburtstag des Propheten); die Tage des* Ramadan *schlechthin; die Offenbarung des Koran oder „Nacht des Schicksals" (der siebenundzwanzigste Tag des Ramadan, Tag bzw. Nacht, an dem die ersten Suren des Korans geoffenbart wurden); das Ende des Fastenmonats* Ramadan; *das Opferfest, an dem in Erinnerung an das Opfer Abrahams Schafe geschlachtet werden.*

Folgende Seiten: Die Ebene von Arafa, auf der nach der Überlieferung Adam die Eva wiederfand, die er bei einem großen Regen verloren hatte.
Die Zelte der Pilger stehen zu Füßen des Berges Rahma, auf dem eine Gamra, *ein Pfeiler aus weißem Stein, aufgestellt ist.*

Der Islam wird von fünf Säulen getragen: dem Glauben an Allah und seinen Propheten Mohammed; dem rituellen Gebet, dem rituelle Waschungen und die Absichtserklärung vorausgehen; den rituellen Abgaben (zakat)*; dem Fasten während des Monats Ramadan; der großen Wallfahrt nach Mekka.*

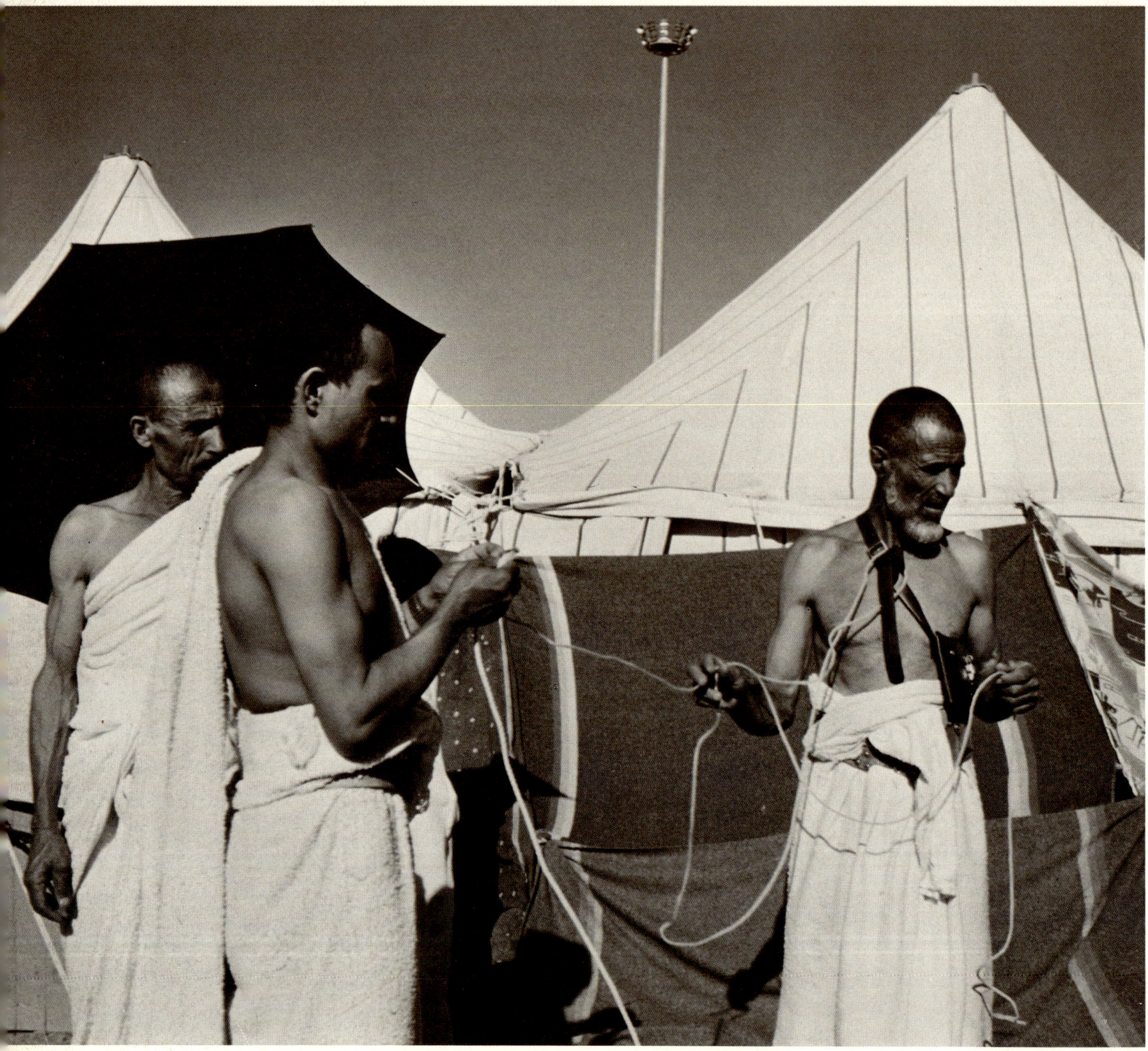

Oben: Ein auf dem Rücken von weit hergetragenes Zelt wird aufgestellt.
Rechts: Zur Mittagszeit des neunten Tages des Wallfahrtsmonats hören die Pilger in Arafa die über das Fernsehen ausgestrahlte Predigt eines Imam *(so heißt im Islam der Vorbeter). Wer nicht an Allah und seinen Propheten Mohammed glaubt, ist ein* Kafirun *(Ungläubiger), eine Bezeichnung, die in den islamischen Sprachen allgemein gebräuchlich ist. Ungläubige sind auch diejenigen, die einer anderen Religion angehören, diejenigen, die zu Unrecht das Wort, das zu ihnen gesagt worden war, durch ein anderes ersetzt haben, diejenigen, die absichtlich das Wort Gottes falsch interpretiert haben. Deshalb hat Allah sie verdammt. Der, der glaubt und sich Gott unterwirft, wird nie von Angst befallen und von Traurigkeit gequält werden; wer geglaubt hat, wird Eingang finden in die* Gannat *(die Gärten des Glückes im koranischen Paradies), wo die Bäche rauschen; hier wird er für alle Zeiten bleiben, stets reine Bräute finden und im Schatten dichtbelaubter Bäume ruhen.*

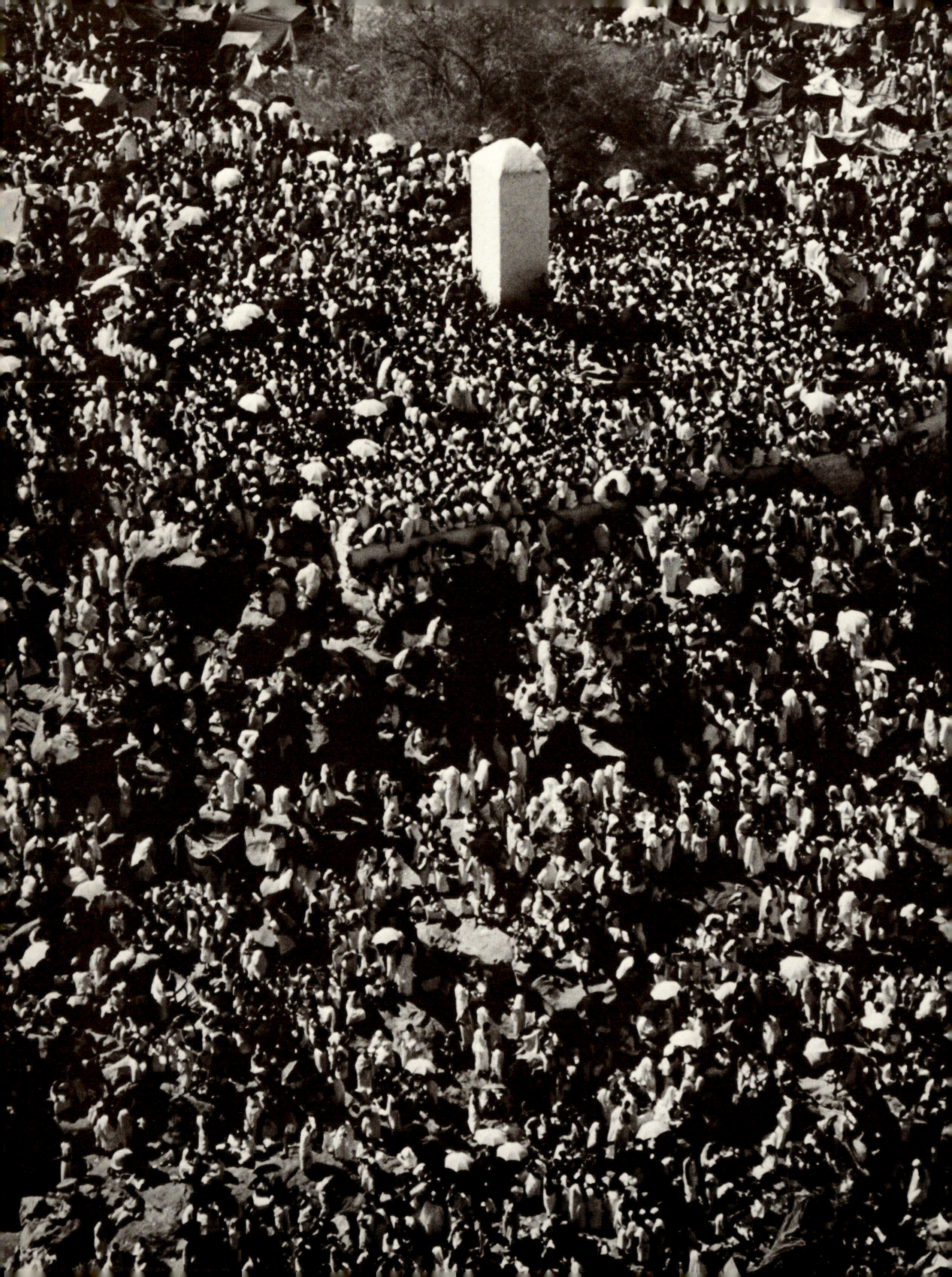

Der Gipfel des Berges Rahma, des sogenannten „Berg des Erbarmens"; eine unüberschaubare Menge von Gläubigen drängt sich um die Gamra. „Wir begegneten einer großen Menge von Pilgern ... in Wirklichkeit sah ich während der zwanzig Tage, die ich mich dort aufhielt, nie Land mit so viel Menschen." (Varthema).

Die Straßen des Altertums und des Christentums sind übersät mit Wallfahrtsorten. Im Islam hingegen kann es nur *eine* Wallfahrt *(hagg)* geben, und zwar die nach Mekka. Hat man den Grund dafür verstanden, so hat man das Wesen des Islam erfaßt.

Der Islam ist die jüngste der drei großen monotheistischen Religionen nach dem Judentum und dem Christentum, die alle drei auf Abraham zurückgehen, den Vater aller derjenigen, die an den Einen Gott glauben. Der Islam wendet sich in seinen Anrufungen an die Einzigkeit, die von allen Propheten und allen Heiligen Schriften bestätigt wird (Torah, Evangelium), durch die Gott offenbart hat, daß er der Eine, der Absolute ist, der keine anderen Götter neben sich hat; er ist die Liebe, die sich gleichzeitig „völlig anders" zeigt, und er ist derjenige, der von sich sagt: „... und wir sind ihm [dem Menschen] näher als seine Halsadern." (Sure L, 17). Es kann nur eine einzige Wahrheit geben, und wenn Gott, der „Allbarmherzige" (Sure I, 1), beschlossen hat, sich dem Menschen zu offenbaren, so kann es also im wesentlichen nur *eine* Offenbarung geben und damit nur *eine* Botschaft für die gesamte Menschheit.

Während alle anderen großen Religionen der Welt ihren Namen von ihrem Gründer oder von den Ländern oder Völkern ableiten, in denen sie ihren Ursprung hatten – Christentum, Buddhismus, Judentum, Hinduismus –, weist der Name Islam auf eine geistige Haltung hin. Etymologisch geht das Wort *Islam* auf eine Wurzel zurück, die gleichzeitig „Friede" und „Unterwerfung" bedeutet: Muslim sein bedeutet daher „sich in Frieden Allah unterwerfen".

Alle erschaffenen Dinge unterliegen einem Naturgesetz: das Feuer dem des Brennens, der Stein dem der Schwerkraft, das Wasser dem der Bewegung, die Planeten dem der Bewegung im Weltraum.

Nur der Mensch verfügt über die Freiheit des Willens, und das Großartige des menschlichen Seins liegt in dieser Freiheit, seinen Schöpfer zu verehren oder nicht.

Für den Islam ist der Mensch Träger des Glaubens, der ihm – unter der Bedingung, daß er ihn „zu tragen" weiß – ewiges Glück zusichert. Er „hat als höchstes Symbol den schwarzen Stein der Kaaba, der in Wirklichkeit ein Meteorit ist. In der islamischen Überlieferung symbolisiert dieser vom Himmel gefallene Stein den ursprünglichen Pakt *(al mithaq)*, der zwischen Gott und den Menschen geschlossen wurde." (H. S. Nasr). Nach dem Koran ergibt sich dieser Pakt aus dem Beweis der Unterwerfung, der in der Vorewigkeit Gott erwiesen wird, dem die Keime der zukünftigen Menschheit noch im Zustand des „Möglichen", im ursprünglichen Adam, auf die Frage: „Bin ich nicht euer Herr?" antworten: „Jawohl, wir bezeugen es" (Sure VII, 173). Wie ein Wort *(hadith)* des Propheten des Islam erklärt, ist der „nach dem Ebenbild Gottes erschaffene" Mensch aufgrund seiner Natur fähig, für die Einzigkeit Gottes *(at tawhid)* Zeugnis abzulegen, dessen Kenntnis seit Anbeginn in sein Herz geschrieben ist.

Die Einzigkeit Gottes spiegelt sich sowohl in der Einzigkeit der Natur wider, in der jedes Ding nach einem einzigen Prinzip geschaffen und so angeordnet ist, daß es allen anderen Dingen entspricht, als auch in der Einzigkeit und Einheit des Menschengeschlechts. „Wir haben euch alle mit einem einzigen Atemhauch erschaffen", sagt der Koran, der hinzufügt, daß die Tötung eines einzigen Menschen der Tötung der gesamten Menschheit gleichkomme.

Aus diesem Grund versteht sich der Islam als „gemeinsamer Nenner" der monotheistischen Religionen; er stellt sich in den Mittelpunkt aller Offenbarungen, ebenso wie Mekka der Mittelpunkt ist, in dem die Gebete der Gläubigen aus aller Welt zusammenströmen. Und die Wallfahrt nach Mekka vereint alle Anhänger des Einen Gottes, ohne Unterschied der Klassen und Rassen; sie ermöglicht jedem Pilger zu erleben, daß er zu einer großen Gemeinschaft gehört, daß er eine Zelle eines einzigen Körpers ist und daß er gemeinsam mit allen Brüdern zu einem Raum und Zeit überschreitenden Treffen gekommen ist. Der muslimische Mystiker Bajasid al Bistami († 875) schreibt: „Bei meiner ersten Wallfahrt sah ich nichts als den Tempel; beim zweiten Mal sah ich ebensogut den Tempel und den Herrn des Tempels; das dritte Mal sah ich nichts als den Herrn ... Und dort, wo die Kontemplation stattfindet, dort ist auch das Heiligtum. Und solange für den Menschen nicht das gesamte Universum ein zum Herrn führender Weg ist, und ein Raum, in dem er sich des Umgangs mit ihm erfreut, ist ihm seine Liebe noch fremd. Aber sobald er am Anblick Gottes teilhat, ist das Universum sein Heiligtum. Das Dunkelste der Welt ist das Haus des Geliebten ohne den Geliebten."

Mohammeds Sendung „Siegel der *Nabi* [Propheten]" (Sure XXXIII, 40) – er wurde von Gott der Menschheit gesandt, damit er an die Einzigkeit Gottes erinnere und sich dem Götzendienst widersetze – ist die göttliche „Antwort" auf folgende Anrufung Abrahams: „Erinnere dich an Abrahams Wort. Er sagte: ‚O mein Herr, gib diesem Lande [dem Gebiete von Mekka] Sicherheit und bewahre mich und meine Kinder vor dem Götzendienste; denn sie haben schon viele Menschen in den Irrtum geführt. Wer aber mir folgt, der soll mir auch ange-

Für die Allah darzubringenden Versöhnungsopfer bestimmte Schafe im Tal von Mina. Das Opfer erinnert an Abraham, der nach islamischer Überlieferung hier in diesem Tal seinen Sohn Ismael opfern wollte. Der Koran berichtet, daß ein Engel die Opferung Ismaels verhinderte. An seiner Stelle wurde dann eine Ziege getötet. (Nach dem Koran wollte Abraham Ismael und nicht Isaak opfern) „... Man beobachtet bei ihren Opfern, ... daß jeder Mann Kastrierte opfert ... und jeder gab sie aus Liebe zu Gott den Armen ... Diese brieten das Fleisch und aßen es ..." (Varthema)

hören; wer mir aber nicht gehorcht, dem mögest du Vergebung und Barmherzigkeit erweisen. O unser Herr, ich habe einigen meiner Nachkommen in dem unfruchtbaren Tale, nahe bei deinem heiligen Hause [das Heiligtum der Kaaba], Wohnung gegeben, damit sie das Gebet gehörig verrichten. Mache daher die Herzen der Menschen ihnen freundlich geneigt und versorge sie mit Früchten aller Art, damit sie dankbar werden.' " (Sure XIV, 36–38).

Das Gebet Abrahams, Prophet und „Freund Gottes" (Sure IV, 126), ist gleichzeitig Geschichte und Symbol. Nachdem er die Götzen zerstört hatte, die sein Vater Azar herstellte, entfernte sich der junge Abraham (Sure XIX, 47–49) und ging auf die Suche nach dem wahren Gott. Der Koran (Sure VI, 77–80) vollzieht diesen Weg nach: „Als die Dunkelheit der Nacht ihn beschattete, sah er einen Stern, und er sprach: ‚Das ist mein Herr.' Als dieser aber unterging, sagte er: ‚Ich liebe die Untergehenden nicht.' Und als er den Mond aufgehen sah, da sagte er: ‚Wahrlich, das ist mein Herr.' Als aber auch dieser unterging, da sagte er: ‚Wenn mein Herr mich nicht leitet, so bin auch ich wie dies irrende Volk.' Als er nun die Sonne aufgehen sah, da sagte er: ‚Siehe, das ist mein Gott, denn dies ist das größte Wesen.' Als aber auch die Sonne unterging, da sagte er: ‚O mein Volk, ich nehme keinen Anteil mehr an eurem Götzendienste, ich wende mein Angesicht zu dem, der Himmel und Erde geschaffen hat, als Hanif rechtgläubig, will ich nicht mehr zu den Götzendienern gehören.' "

Das, was Abraham bewußt wird, für den „Allah allein ewig ist" – daher die Bezeichnung *Hanif* – steht auf den muslimischen Gräbern geschrieben: „Alle Dinge werden untergehen, nur sein Angesicht nicht" (Sure XXVIII, 89); das bedeutet, daß nur der, der nicht sterblich ist, unsere Verehrung verdient. So wie Abraham muß jede Seele ihre eigenen Götzen zerstören und sich reinigen von dem, was nicht wesentlich und unveränderlich ist. Deshalb wird auch in jedem islamischen rituellen Gebet der Name Abrahams erwähnt. Er ist der Begründer der reinen monotheistischen Tradition.

„Alles ist beispielhaft an Abraham, so auch das Schicksal, das seiner Lehre nach seinem Tod vorbehalten war. Der Prophet Mohammed konnte es nicht ertragen, den Tempel des Einen Gottes in ein ‚Pantheon' umgewandelt zu sehen, einen Sammelpunkt von Götzen aller Art, die von den verschiedenen arabischen Stämmen verehrt wurden. Ohne Zweifel erlaubte ihm die Wiedereroberung Mekkas, den Tempel zu säubern. Damit diese Lehre in unserem Bewußtsein wach bleibe, muß die Kaaba, nachdem sie ein ‚Pantheon' gewesen ist, der Tempel des Einen Gottes bleiben. Daraus ergibt sich im Grunde die Lehre, daß der Mensch dazu neigt, in jedem Moment die während der Meditation und der Askese gewonnenen Gewißheiten zu vergessen, und daß dieses Vergessen zur Natur des Menschen gehört. ‚Herr, wir verlassen uns auf dich, verlasse du uns nicht, auch nicht für einen Augenblick', das ist es, worum der *Hagg*, das ist es, worum der Pilger bei seinen vielen Anrufungen Gott bittet." (E. Guellouz, Le pèlerinage à la Mecque).

Abraham ist der Begründer des reinen Kultes *(hanif)* des Einen Gottes, eines Kultes, der sich auf die ursprüngliche Natur des Menschen *(fitra)* gründet. Der Bund zwischen Gott und der Menschheit gründet sich auf das in der Vorewigkeit von den noch nicht geborenen Nachfahren Adams abgelegte Zeugnis. Er hat zur Folge, daß jeder Mensch dessen Siegel im Herzen trägt, sowie die Möglichkeit, ihn durch sein Zeugnis wieder aufleben zu lassen. Der Islam kennt keine Erbsünde im christlichen Sinn. Adam war ungehorsam; er hat es bereut, und ihm wurde vergeben. Aus ihm wurde der erste Prophet, Vorläufer einer Reihe von Propheten, die mit dem Erscheinen Mohammeds, des „Siegels der Propheten", abgeschlossen wird. Dieser erinnert an das, was die göttliche Offenbarung beinhaltet, und er weist erneut auf den von seinen Vorgängern gezeichneten Weg hin.

„Von Bedeutung ist auch der Hinweis, daß das Andenken an Adam wiederum mit den heiligen Stätten des Islam verbunden ist. Eine Überlieferung berichtet, daß der erste Mann und die erste Frau voneinander getrennt wurden, nachdem sie aus dem Erdenparadies verstoßen worden waren, und daß sie sich auf der Erde verloren, bis ihnen die göttliche Gnade erlaubte, sich in Arafa zu treffen. Weiterhin wird berichtet, daß die erste Kaaba von Adam errichtet wurde. Nachdem eine Sintflut sie zerstört hatte, wurde sie von Abraham wiedererbaut und später von Mohammed dem reinen monotheistischen Kult zurückerstattet, der seit Generationen in Vergessenheit geraten war. Der Pilger, der sich zum „Zentrum" begibt, das auf der Erde Mekka ist, bestätigt somit nicht nur seine Zugehörigkeit zur Gemeinschaft Mohammeds, sondern auch zur Tradition Abrahams und noch zuvor Adams. An dem Ort, wo das erste Menschenpaar die Gnade Gottes erfuhr, wird das Bewußtsein geweckt, ‚sich von den Sünden zu reinigen', denn der Tag von Arafa ist der Tag des Verzeihens." *(R. du Pasquier, Découverte de l'Islam).*

Hier geht es nicht um den mehr oder weniger legendären Charakter dieser Überlieferungen, sondern um deren tiefe symbo-

Sonnenaufgang. Nach dem Wukuf *in der Ebene von Arafa genießt man die Ruhe des Sonnenaufgangs und bereitet sich für den Aufbruch zu einem weiteren* Wukuf *in Mina vor.*

lische Bedeutung: nur das Absolute ist der Mittelpunkt. „Aus einem fernen Lande kommend", wie es in den Gebeten des *Hagg* heißt – was nicht unbedingt eine ferne geographische Herkunft bedeutet, sondern eher eine „Metanoia", eine geistige Überwindung –, weiht sich der Pilger bewußt dem Herrn der Welten; er sucht eine Beziehung zu einer Transzendenz, die er nicht anders erreichen kann als dadurch, daß er den Einen Gott anruft. Und damit legt er für die Ursache und den Ursprung aller Dinge Zeugnis ab. Um dies aber tun zu können, mußte er seine Heimat verlassen. Und liegt nicht gerade hier die tiefere Bedeutung der Wallfahrt?

Gialal ad din Rumi, einer der größten muslimischen Mystiker aller Zeiten, lebte im 13. Jahrhundert in der Türkei. Er schrieb in herrlichen Versen in persischer Sprache ein umfassendes Werk, den hervorragendsten Kommentar zum Koran, der uns das Gleichnis vom verborgenen Schatz vermittelt. Einem Bewohner Bagdads, der Allah um Hilfe in seiner Not angefleht hatte, wird die Existenz eines in einer fernen Stadt unter der Erde vergrabenen Schatzes offenbart. Nach einer langen Reise gelangt er dorthin und erfährt, daß der Schatz in seinem eigenen Haus verborgen ist. Er kehrt zurück und findet ihn. Dazu aber war es notwendig, daß er zunächst wegging und alles, was ihm vertraut war, zurückließ.

In einem der heiligen Sprüche *(hadith qudsi)* des Propheten, in denen Allah in erster Person spricht, heißt es: „Mein Land und meine Himmel enthalten mich nicht, aber ich bin im Herzen dessen enthalten, der mich anbetet". Es ist daher möglich, im tiefsten Innern, im Mittelpunkt der Seele, die letzte Wahrheit zu finden.

Die Kaaba ist der Mittelpunkt des islamischen Glaubens; von hier aus geht es nicht weiter, hier fließt alles zusammen. Und, wie bereits gesagt, sind seit dreizehn Jahrhunderten auf sie die Gebete von Hunderten von Millionen Männern und Frauen gerichtet. Diese rituellen Gebete werden allein oder in Gruppen, in Richtung Mekka geneigt, verrichtet. Während dieser Gebete kann der Betende die Betenden nur von hinten sehen. Kaum bei der Kaaba angekommen wird das erste und vielleicht auch das einzige Mal im Leben das „Angesicht" des Bruders oder der Schwester im islamischen Glauben im Gebet dargeboten, die sich gleich ihm niedergeworfen haben: im Allerheiligsten angelangt findet man seinen Nächsten.

Architektonisch betrachtet, symbolisiert der in einen weißen Kreis eingeschlossene, schwarze Würfel der Kaaba den Menschen im Rund des Kosmos. Die Kaaba ist eine Achse, der Berührungspunkt von Himmel und Erde. Das Wesen des Quadrats strebt den Kreis an, ebenso wie der Mensch den Himmel anstrebt. Wenn der Raum überwunden ist, das heißt, wenn man zum Mittelpunkt gelangt ist, ist auch die Zeit überwunden, denn der Mittelpunkt ist unveränderlich.

Das bisher Gesagte findet in einem Bild seinen Ausdruck: dem von den mystischen Denkern der Muslime oft verwendeten Bild des Rades. In der Nabe, dem Mittelpunkt des Rades, laufen die Sprossen wie Strahlen zusammen und symbolisieren die verschiedenen „Wege", welche die Propheten zur Erlangung der Wahrheit aufgezeigt haben. Der Mystiker Gialal ad din Rumi drückt sich folgendermaßen aus: „Sicher gibt es verschiedene Wege der Suche, aber die Suche ist immer nur eine. Siehst du nicht, daß verschiedene Straßen nach Mekka führen, denn eine kommt aus Byzanz, die andere aus Syrien und wieder andere übers Land oder übers Meer? Daraus folgt, daß die Länge dieser Straßen unterschiedlich ist; aber am Ziel angelangt, gibt es keine Streitigkeiten, keine Diskussionen und gegensätzliche Standpunkte mehr, denn die Herzen vereinen sich … Dieser Auftrieb des Herzens ist nicht Glaube oder Unglaube, sondern die Liebe."

Die Unterschiedlichkeit dieses Suchens ist andererseits von Gott vorgesehen: „Wenn es Allah nur gewollt hätte, so hätte er euch allen nur einen Glauben gegeben; so aber will er euch in dem prüfen, was euch zuteil geworden ist. Wetteifert daher in guten Werken, denn ihr werdet alle zu Allah heimkehren, und dann wird er euch über das aufklären, worüber ihr uneinig wart. Und du (Mohammed) richte zwischen ihnen nur nach den Offenbarungen Allahs und folge nicht ihrem Verlangen. Hüte dich vor ihnen, sonst verführen sie dich, von einem Teil dessen abzuirren, was Allah dir offenbart hat." (Sure V, 49–50).

Die Übereinstimmungen zwischen den drei „abrahamischen" Religionen – Judentum, Christentum, Islam – sind so zahlreich, daß die sie unterscheidenden Momente in den Hintergrund treten. Haben diese drei Religionen nicht den Glauben an einen Gott gemeinsam, „reich an Gnade und voller Erbarmen", und die Liebe zu seinen Kreaturen sowie den Glauben an seine Engel, seine Propheten, an das Jüngste Gericht, das ewige Leben, haben sie nicht eine gemeinsame Ethik? Die wesenhafte Besonderheit des Islam kommt in der absolut universalen Dimension seiner Botschaft zum Ausdruck, die zu keiner Ausschließung führt. Die Propheten, darunter auch die uns unbekannten – die Überlieferung spricht von einigen tausend zu allen Völkern der Erde gesandten Propheten –, waren Überbringer der einen, einzigen Offenbarung. Alle Menschen

Rechts: Weit ausgedehntes Zeltlager. Wer keinen Platz mehr am Fuße des Berges Rahma gefunden hat, errichtet sein Zelt auf dem felsigen Wüstengelände an der Pilgerstraße nach Mekka.

Folgende Seiten: Der größte Hagg *in der Geschichte des Islam, bei dem zwei Millionen Pilger zusammenkamen (November 1979). Die um den Berg Rahma aufgestellten Zelte bilden konzentrische Kreise, die bis zum Horizont reichen.*

sind seit den Ursprüngen der Welt dazu aufgerufen, das Wort Gottes zu empfangen, sei es durch die heiligen Schriften oder durch die Seele eines jeden Gläubigen.
Alle Riten des Islam haben daher einen doppelten Charakter: sowohl einen individuellen als auch einen gemeinschaftlichen; hier liegt die Spiritualität der Wallfahrt.

Die Zeremonien der Wallfahrt

Die Wallfahrt ist ein Aufbruch zu einem fernen Ziel, manchmal ein Aufbruch ohne Rückkehr. Jeder *Hagg* (*hagg* bedeutet sowohl große Wallfahrt als auch Pilger) wäre glücklich, in Mekka zu sterben.
Beim Abschied wendet der Pilger sich an die Seinen mit den Worten: „Weine nicht, wenn ich dich verlasse; weine nicht, wenn ich sterbe, wenn ich die Riten vollzogen habe. Weine aber um den, der auf dem Weg über die Berge stirbt."
Die Ankunft beim Heiligtum bedeutet einen Sieg über alle auf der Pilgerreise zu überwindenden Schwierigkeiten. Diese waren in den vergangenen Jahrhunderten alles andere als gering und sind es in gewisser Weise auch heute noch: die räumliche Entfernung wird überwunden, und wie der große mystische persische Dichter Attar so schön sagt, „der echte Pilger ist der, der den Raum erstarren läßt."
Die große Wallfahrt *(hagg)* findet im Unterschied zur kleinen Wallfahrt *(umra)*, die zu jeder Zeit durchgeführt werden kann, zu einer bestimmten „Wallfahrtszeit" statt, und zwar in der zweiten Woche des zwölften Monats des Hedschra-Kalenders. Das Datum wechselt (in bezug auf unseren christlichen Kalender) jedoch jedes Jahr, da der Hedschra-Kalender sich nach dem Mond richtet und nicht, wie unser gregorianischer, nach der Sonne; er verschiebt sich daher gegenüber letzterem jährlich um 11 Tage.
Die Vorbereitung auf die Wallfahrt geschieht, ebenso wie auf das rituelle Gebet, indem man sich durch die „Absichtserklärung" und die körperliche „Reinigung" weiht. Vor dem *Hagg* finden umfangreiche Waschungen *(ghusl)* statt, die Haare sowie die Nägel werden geschnitten; die Männer bekleiden sich mit einem Gewand aus weißer Baumwolle ohne Nähte, das im allgemeinen als Schweißtuch aufbewahrt wird. In diesem Zustand der Weihe *(ihram)* ist man ein Geweihter *(haram)*. Die Frauen sind nicht verpflichtet, ein besonderes Gewand zu tragen, obwohl auch sie sich meist weiß kleiden. Sie sind bei der Wallfahrt den Männern gleichgestellt. Nun begeht man die Weihe durch das Gebet der Absichtserklärung: „Oh mein Gott! Ich habe den festen Willen, die Wallfahrt zu unternehmen. Du mußt sie mir erleichtern, du mußt sie akzeptieren ... Dir gebühren Lob und Dankeshandlungen, und ebenso gebührt dir das Reich."
Von diesem Moment an sind die Verwendung von Duftstoffen, Geschlechtsverkehr, die Tötung von Tieren – auch von Insekten – und Streitereien verboten.
Nach übereinstimmender Ansicht der muslimischen Theologen ist die Wallfahrt für jeden Muslimen obligatorisch, der geschlechtsreif und geistig zurechnungsfähig sowie physisch in der Lage ist, sich nach Mekka zu begeben.
Die unter diesen Bedingungen bestehende Pflicht zur Wallfahrt ist im Koran (Sure II, 197) verankert: „Vollzieht die große Pilgerschaft und die kleine Fahrt zu Allahs Haus."
Außerdem hat der Prophet erklärt, daß „diejenigen, die beschlossen haben, die Wallfahrt zu unternehmen, sich beeilen müssen, damit sie nicht Gefahr laufen, zu erkranken, die Reittiere oder den Besitz zu verlieren." Mit anderen Worten, es wird geboten, die Wallfahrt ohne Verzögerung anzutreten.
Hervorzuheben ist noch, daß die Frau nicht der Einwilligung des Ehegatten bedarf, um die obligatorische Wallfahrt zu unternehmen.
Wer nicht von einer lebensgefährlichen Krankheit befallen ist, wird als fähig betrachtet, die Wallfahrt anzutreten. Im Fall einer unheilbaren Krankheit oder im hohen Alter wird ein Vertreter gewählt, der die Wallfahrt im Namen des Auftraggebers unternimmt. Bedingung ist jedoch, daß dieser in der Lage ist, die Reisekosten zu tragen und daß der Vertreter die Wallfahrt bereits einmal unternommen hat.
Der Pilger muß auch über das für die Reise und den Unterhalt der Familie notwendige Geld verfügen, für die er zu sorgen hat. Die für den *Hagg* bestimmten Mittel müssen aus erlaubten Quellen stammen und dürfen nicht geborgt sein.
Die große Wallfahrt *(hagg)* darf nur zur vorgeschriebenen Zeit unternommen werden und ist für jeden Gläubigen, der dazu in der Lage ist, wenigstens einmal im Leben Pflicht. Die kleine Wallfahrt *(umra)* hingegen darf man zu jedem Zeitpunkt des Jahres antreten; sie dispensiert jedoch nicht von der großen Wallfahrt. Ein *Hadith* des Propheten besagt aber, daß die Belohnung für eine während des Monats *Ramadan* unternommene *Umra* der Belohnung für einen *Hagg* entspricht.
Beim ersten Anblick der heiligen Stadt wird der feierliche Gruß gesprochen: „Herr, dieses heilige Gebiet ist dein Gebiet, diese Stadt ist deine Stadt, der Mensch, der ich bin, ist deine Kreatur. Ich komme zu dir aus einem fernen Land und trage

Links: Der Berg Rahma, von einem Wasserturm aus gesehen. Die Stätten, die bei der Wallfahrt eine besondere Bedeutung haben, waren seit jeher für Nicht-Muslime nicht zugänglich. Eine Ausnahme bildete Ludovico de Varthema, der sich als Muslim ausgab: „Als jener sah, daß ich mich als Feind der Christen zeigte, erwies er mir mehr Ehre, als zuvor ... er nahm mich in seinem Haus auf, ...“

mit mir meine zahlreichen Sünden und bösen Taten. Da ich dich brauche und deine Strafe fürchte, bitte ich dich, mich in deiner Gnade aufzunehmen und mich in dein großes Paradies zu führen.“ Weiterhin heißt es: „Herr, ebenso wie dieses heilige Gebiet dem Verbot unterliegt, vom Feuer verbrannt zu werden, gib, daß auch mein Fleisch und meine Knochen diesem Verbot unterliegen. Herr, erspare mir deine Strafe an dem Tag der Wiederauferstehung deiner Kreaturen.“
Einer der größten muslimischen Mystiker, Husein Mansur al Hallag, der 922 in Bagdad starb, brachte in seinen berühmten Versen das Zeugnis des Pilgers zum Ausdruck: „Labbayka, Allahuma, labbayk ... Hier bin ich, hier bin ich, o mein Herr.“

An der Schwelle des heiligen Gebietes

„Hier bin ich, hier bin ich! mein Geheimnis und Vertrauen!
Hier bin ich bei dir, Herr! mein Ziel und meine Bedeutung!
Dich rufe ich ... o, nein, du bist es, der mich zu sich ruft! Wie hätte ich rufen können ‚du bist es‘, wenn du mir nicht zugeflüstert hättest, ‚ich bin es‘?
Wesen meiner Existenz, letzter Sinn meines Vorhabens, du mein Ausdruck, meine Aussage, mein Stammeln!
Alles meines Ganzen, mein Gehör, mein Augenlicht, meine Gesamtheit, meine Zusammensetzung, meine Teile!
Alles von meinem Ganzen, auch wenn alles von einem Ganzen ein Rätsel ist, und wenn ich dieses Alles meines Ganzen zum Ausdruck bringen will, so bin ich es, der es verdunkelt!
Du, zu dem ich meinen Geist erhoben hatte, bereits mit dem Tode ringend vor Ekstase, jetzt in dieser Betrübnis schaffst du dir den Unterpfand.
Ich weine wegen dieses Leides, dem Vaterland entwöhnt, zitternd aus diesem Verlangen, das eingewurzelt ist im Innersten meines Leibes.
Was tun mit diesem Geliebten, von dem ich verletzt bin, Herr, wenn diese Krankheit meine Ärzte ermüdet hat?
Man sagt mir: ‚Gesunde in ihm!‘ Und ich sage: ‚Und wie soll man von einem Übel durch dieses Übel gesunden?‘
Die Liebe zu meinem Herrn hat mich ausgehöhlt und verbraucht, aber wie kann es mich schmerzen von meinem Herrn zu meinem Herrn?
Ja, ich ahne es, dieses Herz kenne ich, doch um es anzusprechen, kann ich ihm nur zuwinken.
Ach! das Mißgeschick, das meinem Geist widerfahren ist, hat in meinem Geist Ursprung: ich selbst bin die Ursache meines Leides. Wie ein Schiffbrüchiger, von dem nur die Finger aus dem Wasser herausragen, um in der Weite hier um Hilfe zu rufen,
keiner kennt das, was mir zugestoßen ist, nur der, von dem mein Herz voll ist.
Und er weiß genau, welches Leid mich verletzt hat, und es hängt einzig von seinem Willen ab, ob ich sterbe oder wieder lebe!
O höchste Bitte, o Hoffnung. Mein Gast, Leben des Geistes!
Mein Glaube, mein Anteil hier unten!
Sage mir: ‚Ich habe dich erlöst‘, mein Gehör, mein Augenlicht.
Bis auf welches Verspäten bin ich in meiner Entfernung fern?
Auch wenn ich dich vor meinen beiden Augen im Unsichtbaren verberge, dieses Herz strebt, wenn du aufgehst, in der Ferne, von ferne.“
In Mekka angekommen, begibt sich der Pilger sofort zum Heiligtum *(haram)*, das er durch die „Pforte der Rettung“ *(Bab as salam)* mit den Worten betritt: „Herr, du bist die Rettung, und die Rettung geht von dir aus. Gewähre uns die Rettung, öffne uns die Tore deines Paradieses, Aufenthalt der Rettung.“
Nun betrachtet der Pilger die Moschee genauer. Sie ist ein weitläufiges Quadrat, auf allen Seiten umgeben von einem Säulengang. In der Mitte steht ein etwa zwölf Meter hoher Würfel, bedeckt mit schwarzem Stoff, auf dessen oberen Teil in goldenen Buchstaben einige Verse des Korans gestickt sind; der Pilger entdeckt die Kaaba, die „Insel des Friedens inmitten der Moschee, ein Bauwerk voller absoluten Friedens. Es scheint fast, als habe der erste Erbauer der Kaaba – sie wurde mehrmals neu errichtet, aber nie in der Form verändert – ein Symbol der menschlichen Demut gegenüber Gott errichten wollen. Dieser Erbauer wußte, daß keine noch so perfekte architektonische Schönheit oder Harmonie der Linien fähig ist, der Idee Gottes gerecht zu werden. Er beschränkte sich daher auf die einfachste der dreidimensionalen Formen, den Würfel aus Stein.“ Dem Pilger wird die religiöse Idee bewußt, die diese Reinheit der Formen durchdringt. „Welche Schönheit auch immer von menschlicher Hand geformt wurde, es wird stets eine Anmaßung bleiben, sie als gotteswürdig zu betrachten; deshalb ist das einfachste Ding, dem der Mensch Form geben kann, gleichzeitig das Höchste, um den Ruhm Gottes zum Ausdruck zu bringen.“ (M. Asad).
Die Kaaba hat nur eine Tür. Sie ist mit Silber verziert und befindet sich im Nordosten, etwa zwei Meter über dem Boden. Die Tür wird nur bei außergewöhnlichen Anlässen geöffnet. Das Innere ist bis auf Teppiche und von der Decke hängende Lampen leer: das Gebäude als Ganzes ist der Mittelpunkt der

Auf dem Weg von der Ebene von Arafa nach Mina liegt die Ebene von Muzdalifa, wo sich die Gläubigen ausruhen. Nach den Gebeten lesen sie hier siebzig Steinchen auf, von denen sie neundundvierzig in Mina gegen drei Steinpfeiler (Gamra) *werfen; der erste ist der von al-Aqabah. Unter* Gamra *versteht man Steinpfeiler, die die Teufel symbolisieren; vor ihnen befindet sich ein kleines Becken, in dem sich die von den Pilgern geworfenen Steinchen ansammeln.*

islamischen Welt, in dessen Richtung (qibla) geneigt die Gläubigen ihre Gebete sprechen.

Der in einer Ecke der Kaaba eingelassene schwarze Stein (Meteorstein) ist ebenso wie diese „Gegenstand der Verehrung, aber nicht der Anbetung. Er wird verehrt, weil er der letzte Rest des ursprünglichen abrahamischen Gebäudes ist. Und weil die Lippen Mohammeds ihn bei dessen Abschiedspilgerfahrt berührten, küssen ihn seit jenem Tag alle Pilger. Der Prophet wußte, daß alle nachfolgenden Generationen von Gläubigen seinem Beispiel folgen würden. Als er den Stein küßte, war er sich bewußt, daß die Lippen aller zukünftigen Pilger den seinen begegnen würden, und er spendete diesen symbolischen Kuß über den Tod hinaus der gesamten Gemeinschaft. Die Pilger, die den schwarzen Stein küssen, fühlen also, daß sie den Propheten küssen, ebenso wie die Muslime, die vor ihnen hierher kamen und die, die nach ihnen kommen werden." (M. Asad).

Der Pilger nähert sich nun unverzüglich der Kaaba, erhebt beim Anblick des in einer Ecke der Kaaba eingelassenen schwarzen Steins die Arme und spricht:

„O mein Gott! Ich habe den festen Willen, mich zum Umzug um dein Haus anzuschicken. Du mußt ihn mir erleichtern, du mußt ihn akzeptieren." Daraufhin vollzieht er den *Tawaf*, das heißt, er schreitet entgegen dem Uhrzeigersinn sieben Mal um die Kaaba. Bei jeder Umschreitung spricht er an den vier Seiten der Kaaba je ein Gebet. Bei jeder der sieben Umschreitungen wird der schwarze Stein mit der Hand gegrüßt oder geküßt. Dies wird im Gebet zwar nicht erwähnt, aber Omar, der zweite Kalif, sagte: „Ich weiß, daß du nur ein Stein bist, daß dir nicht die Kraft verliehen ist, Gutes oder Böses zu tun, und wenn ich nicht gesehen hätte, wie der Prophet dir Huldigung erwies, würde ich dir keine Huldigung erweisen." Nach der Überlieferung soll der schwarze Stein am Tag der Wiederauferstehung zugunsten jener Gläubigen Zeugnis ablegen, die die Wallfahrt unternommen haben.

So endet die siebte Umschreitung. Nachdem man an dem *Makam Ibrahim*, dem „Fußabdruck Abrahams", gebetet hatte, wurde aus der Quelle Samsam getrunken. Sie trat auf wunderbare Weise hervor, um den Durst des Sohnes Abrahams, Ismael, zu löschen, der zusammen mit seiner Mutter Hagar auf göttlichen Befehl vom Patriarchen verlassen worden war. Dann wird sieben Mal der *Say* genannte Weg zurückgelegt: in Erinnerung daran, wie Hagar bei ihrer verzweifelten Suche nach Wasser für den kleinen Sohn hin und her gelaufen war, bevor zu ihren Füßen eine Quelle aus dem Boden sprudelte, läuft man zwischen den zwei Hügeln Safa und Marwa hin und her. Dann kommt der Höhepunkt der Pilgerfahrt, der neunte Tag des Pilgermonats (du'l-higga), der auf der weiten Hochebene von Arafa verbracht wird. Alle Pilger sind in völliger Gleichheit vor Gott vereint und beten von Mittag bis zum Sonnenuntergang für die Lebenden und die Toten. Ungefähr zwei Millionen Männer und Frauen, die aus allen Himmelsrichtungen zusammengekommen sind, verleben diesen Tag gemeinsam unter den Zelten. Bei Sonnenuntergang des neunten Tages der Pilgerfahrt begeben sich die Pilger in schnellem Lauf nach Muzdalifa; hier werden die Gebete des *Maghrib* (Gebet des Sonnenuntergangs) und die *Isha* (Gebet der Nacht) gesprochen; ebenfalls hier werden siebzig Steinchen gesammelt, aus denen neunundvierzig gleicher Größe ausgewählt werden. Am Morgen des zehnten Tages geht es nach dem Morgengebet *(al fagir)* weiter nach Mina. Hier dauert der Aufenthalt drei Tage und drei Nächte: die Tage des *Tashriq*.

Die neunundvierzig kleinen Steinchen müssen gegen die *Gamra* (Steinstelen) geworfen werden, die an dem 272 m langen Weg durch die Stadt Mina aufgestellt sind. Nach einer volkstümlichen Überlieferung wurde hier Abraham vom Teufel in Versuchung geführt, nicht dem göttlichen Gebot zu folgen, welches von ihm das Opfer des Sohnes Ismael verlangte. Die rituellen Steinwürfe symbolisieren den Kampf gegen die Versuchung, Böses zu tun.

Al Ghazzali, der Algazel des europäischen Mittelalters, einer der größten muslimischen Philosophen, gestorben im Jahre 1111, behandelt in seinem Monumentalwerk *Ihya ulum ad-din* (Die Wiederbelebung der Religionswissenschaften) auch die Symbolik der Riten.

Die Symbolik der Riten

„Wer zur Kaaba geht, geht zu Gott, um ihm zu huldigen. Wer zu seinem Haus hier auf Erden geht, der wird dafür belohnt: zur vorherbestimmten Zeit wird er im voraus genießen dürfen, das Angesicht Gottes in der ewigen Wohnung zu betrachten.

Sowohl die Gewänder der Weihe als auch die Grußformel ‚Hier bin ich', die an der Schwelle des heiligen Gebietes gesprochen werden muß, bedeuten, daß der Pilger dem Aufruf Gottes gefolgt ist.

Was die Umschreitung des Hauses betrifft, wisse, daß durch sie die Anbetung vollzogen wird. Laß daher in deinem Herzen stets Respekt und Furcht, Hoffnung und Liebe wach sein ... Auf jeden Fall verweile nicht bei dem Gedanken, der Sinn

Die Minister Saudi-Arabiens bei einem rituellen Gebet nach einen Wukuf in der Nachmittagshitze.

liege in dem mit deinem Leib durchgeführten Umzug, denn der Sinn liegt in dem Umzug mit deinem Herzen, im Andenken an den Herrn dieses Hauses ... Denn das Haus ist ein sichtbares Symbol in der ,Welt des Reiches' *(mulk),* der Anwesenheit Gottes, die dem Auge verborgen bleibt, denn es handelt sich um das Symbol der ,Welt des absoluten Reiches' *(malakut),* so wie der Leib in der gegenwärtigen Welt ein Symbol der Seele darstellt, die unsichtbar ist für die Blicke, denn sie gehört zur Welt des Unsichtbaren ... Daher heißt es in bezug auf den, der zu einem Umzug von so hohem Niveau fähig ist, daß die Kaaba diesen Pilger besucht." (Al Ghazzali)

Al Ghazzali bemerkt dann, daß bei einigen Verrichtungen die Bedeutung ganz klar zu erkennen ist, während andere irrational erscheinen: „Im Verlaufe des *Hagg* hat Gott den Menschen Handlungen auferlegt, in die die Seelen sich nicht schikken und deren Bedeutung der Verstand nicht begreift; zu diesen Handlungen gehört der wiederholte Lauf von Safa nach Marwa und zurück. Im Vollzug solcher Handlungen zeigt sich die vollkommene Unterwerfung des Dieners (unter Gott). Das gesetzliche Almosen *(zakat)* entspricht einem verständlichen Mitleid gegenüber dem, auf dessen Seite das Recht ist; das Fasten ist die Unterbrechung des Appetits, einem der Werkzeuge des Gegners Gottes, und die Absicht, sich der Frömmigkeit zu weihen unter Verzicht auf alle Beschäftigungen; das Verbeugen und Auf-den-Boden-Werfen während des Gebetes bringen die Demut gegenüber dem Höchsten zum Ausdruck ... Was jedoch das wiederholte Hin- und Herlaufen *(say)* betrifft sowie das rituelle Steinwerfen und ähnliche Handlungen, so können hier die Seelen keinerlei Anteil nehmen, noch ist das Wesen erkenntlich, da der Verstand nicht in der Lage ist, die verborgenen Bedeutungen herauszufinden: einzig das göttliche Gebot fordert dazu auf; es handelt sich um die Absicht, sich dem Gebot zu beugen, das befolgt werden muß. Diese Absicht hat zur Folge, daß die Ausübung des Verstandes unterbrochen wird sowie die Abweichung der Seelen und der Natur von ihrem gewohnten Wirkungsfeld." (Al Ghazzali)

Den Höhepunkt der Riten von Mina bilden die Tieropfer (Rinder, Schafe, Kamele) zum Gedächtnis Abrahams.

Im Koran (Sure XXXVII, 104–111) heißt es: „Als sie nun beide sich dem göttlichen Willen unterworfen hatten, da legte er ihn aufs Angesicht. Wir aber riefen ihm zu: ,Du hast hiermit bereits das Traumgesicht zur Erfüllung gebracht.' Und so belohnen wir die Rechtschaffenen, denn dies war offenbar ja nur Allahs Prüfung. Wir lösten ihn aus durch ein anderes edles Opfer, und wir ließen ihm noch bei der spätesten Nachwelt den Segen zurück: ,Friede komme über Abraham.' So belohnen wir die Frommen."

Dieses Opferfest oder das „große Fest" *(id al kabir)* wird von der gesamten muslimischen Gemeinschaft gefeiert. Hier soll nochmals darauf hingewiesen werden, daß der Koran vorschreibt, mit diesen geopferten Tieren „den Armen, den Elenden" (Sure XXII, 29), „den Ergebenen, den Bettler" (Sure XXII, 37) zu nähren, und daß er wiederholt darauf aufmerksam macht, daß „das Fleisch und das Blut dieser Tiere nicht zu Gott gelangen, sondern zu ihm gelangt der Akt der Ergebenheit" (Sure XII, 38), außerdem auf den Glauben, den diese Handlung symbolisiert.

Die Aufhebung des Weihezustandes findet durch das Ablegen der Gewänder *(ihram)* statt, die bei der *Umra* erneut getragen werden. Diese kleine Wallfahrt ist ebenso Pflicht wie die große Wallfahrt. Danach kehrt man zum *Haram* (Heiligtum) zurück, umschreitet einmal die Kaaba, läuft einmal von Safa nach Marwa, grüßt die heiligen Stätten. Von diesem Moment an werden alle Verbote aufgehoben. Soweit der Pilger in der Lage ist, begibt er sich nun nach Medina, der Stadt des Propheten. Und welchem Pilger läge es nicht am Herzen, in seiner Moschee zu beten, dort, wo er ruht, und von wo aus er – jeder Muslim ist überzeugt davon – unsichtbar all jene empfängt, die von fern gekommen sind, ihm ihre Liebe zu bezeugen? Hat er nicht gesagt: „Den *Hagg* unternehmen, ohne daran zu denken, mich zu besuchen, ist eine Kränkung für mich"?

Die Pilger kommen aus weiter Ferne als „Gäste Gottes" nach Mekka; sie befolgen seine Gebote und bitten um Vergebung der Sünden, die ihnen gewährt wird, wie ein Wort des Propheten lehrt, wenn die Absicht vollkommen rein war. Nun bereiten sich diese Pilger darauf vor, auf dem Weg von Mekka nach Medina den Spuren des Propheten zu folgen.

Der Besuch in Medina

Zwei unterschiedliche und sich ergänzende Attribute Gottes durchdringen die Spiritualität des Islam: die *Majestät,* die ehrfürchtige Scheu *(gialal)* einflößt, sowie die *Schönheit,* die Zartheit *(giamal).* Die muslimischen Mystiker bringen sie in verschiedenen Graden zum Ausdruck, die heiligen Stätten des Islam selbst spiegeln sie in gewisser Weise wider. Mekka ist im wesentlichen die Stadt der Transzendenz, während Medina vor allem die der Freundschaft und der Zusammenkunft mit dem Propheten ist. In Medina gibt es keine vorgeschriebenen religiösen Handlungen. Man gelangt zur *Masgid an nabawi*

Von der Ebene von Arafa aus marschieren die Pilger die ganze Nacht hindurch, um beim Morgengrauen das Tal von Mina zu erreichen.
„Lies im Namen deines Herrn, der alles geschaffen hat, und der den Menschen aus geronnenem Blut erschuf. Lies bei deinem Herrn, dem glorreichsten, der den Gebrauch der Feder lehrte, und den Menschen lehrt, was er nicht gewußt hat. So ist es. Wahrlich, der Mensch übernimmt sich frevelhaft, wenn er sich in großem Reichtum (unabhängig) sieht. Aber die Rückkehr ist zu deinem Herrn" (Koran, XCVI, 2–9).

(Moschee des Propheten) durch einen Säulenhof, wo es üblich ist, den Segen Gottes auf den Diener Gottes, Mohammed, herabzurufen. Wir erinnern nochmals daran, daß das Gebet nicht an Mohammed oder die Heiligen gerichtet ist, sondern man betet *für* sie. Im großen Saal der Moschee, gegenüber dem Pult, an dem der Prophet gebetet haben soll, beginnt die *Rawda an nabawiya* (Garten des Propheten). Mohammed hatte gesagt, daß zwischen seinem eigenen Raum – seiner Begräbnisstätte – und seinem *Mimbar* (Predigtkanzel) der Garten des Paradieses liege. Am Grab erbittet der Pilger schlicht den Frieden für den Propheten und spricht folgende Worte: „Der Friede sei mit dir, Prophet, ebenso die Gnade und der Segen Gottes!" Es sind keine bestimmten Gesten vorgeschrieben, kein Kopfneigen, noch wird die Einfassung von Mohammeds Grab geküßt. Neben dem Propheten ruhen die beiden ersten Kalifen Abu Bakr und Omar.
Allen Pilgern wird hier das tiefe Gefühl des Friedens zuteil. Hier lebte der Prophet! Nicht weit entfernt lag sein Gebetsraum, ein etwa 35 Quadratmeter großer Raum, bei dessen Errichtung er eigenhändig den Maurern half. Den Boden hatte er für zehn Dinare erworben. Aus den darauffolgenden Vergrößerungen entstand die heutige, rund zwanzig mal größere Moschee.
„Die heilige Moschee von Medina erhielt ihre heutige Form in der Zeit Mitte des vergangenen Jahrhunderts, auch wenn einige Teile viel älter sind und bis auf die ägyptische Mamelukkenherrschaft (13.–15. Jahrhundert) oder auch auf frühere Epochen zurückgehen. Die Mittelaula, in der sich das Grab des Propheten befindet, entspricht genau der Fläche der vom Kalifen Othman im 7. Jahrhundert erbauten Moschee.
Das sogenannte Grab des Propheten ist unsichtbar und mit schweren Brokatstoffen bedeckt und umgeben von einer Bronzeeinfassung, die im 15. Jahrhundert vom Mamelucken-Sultan Kait Bei aus Ägypten gestiftet wurde. In Wirklichkeit gibt es nicht einmal ein Grabdenkmal, denn der Prophet wurde unter dem Fußboden seines Zimmers in dem kleinen Haus begraben, in dem er zuletzt gelebt hatte und gestorben war. Später wurde eine türlose Mauer um das Haus gebaut, das so völlig von der Außenwelt isoliert wurde. Zu Lebzeiten des Propheten lag die Moschee direkt neben seinem Haus. Im Laufe der Jahrhunderte wurde dann die Moschee über das Grab hinaus erweitert." (M. Asad).
Der Innenhof der Moschee nimmt das Gebiet des ehemaligen Gartens der Fatima ein, der geliebten Tochter Mohammeds. Hier halten sich ständig Vögel auf, und das Rauschen ihrer Flügel begleitet das Gebet derer, die der Einladung des Propheten gefolgt sind.
Ein *Hadith* des Propheten sagt: „Sattelt eure Reittiere nicht, um andere Moscheen zu besuchen, sondern nur diese drei: den heiligen Tempel [die Kaaba], meine Moschee [in Medina] und die *Masgid al aqsa* [in Jerusalem]." Und er fügte hinzu: „Ein in meiner Moschee gesprochenes Gebet ist besser als tausend in anderen Moscheen gesprochene Gebete, außer jenem Gebet, das innerhalb der Mauern der heiligen Kaaba gesprochen wird; dies ist besser als zehntausend Gebete, die in anderen Moscheen gesprochen werden."
Nach einem anderen *Hadith* sollen diejenigen, die nacheinander vierzig rituelle Gebete in seiner Moschee in Medina sprechen, von der Hölle und der Heuchelei befreit werden.
In Medina angelangt, wäscht sich der Pilger und legt seine besten Gewänder an. Nachdem er das „Tor des Friedens" durchschritten hat, ruft er: „Allah, segne den Propheten Mohammed und seine Familie, nimm sie in Frieden auf. Allah, vergib mir meine Sünden und öffne mir die Tore deiner Barmherzigkeit."
Hat der Pilger in dem Raum zwischen Pult und Grab des Propheten seine Gebete verrichtet, nähert er sich dem Grab mit den Worten: „Der Friede sei mit dir, Bote Gottes. Der Friede sei mit dir, Botschafter Gottes. Der Friede sei mit dir, beste aller Kreaturen Gottes. Der Friede sei mit dir, Geliebter Gottes. Der Friede sei mit dir, Führer der Gesandten. Der Friede sei mit dir, Botschafter Allahs, Herr der Welten. Der Friede sei mit dir, Führer der Tugendhaften. Ich bekenne, daß es keinen anderen Gott gibt, als allein Gott, daß du sein Diener bist, sein Bote, sein Getreuer, die beste seiner Kreaturen. Ich bezeuge, daß du die Botschaft zur Vollendung gebracht hast, daß du vollständig die Offenbarung übermittelt und für Gott nach dem guten Recht gekämpft hast. Der Segen Gottes sei mit dir bis zum Tag des letzten Gerichtes. Herr, gewähre uns den besten Teil dieser und der anderen Welt, bewahre uns vor den Strafen der Hölle. Mein Herr, gewähre dem Propheten Mohammed, in deine Gegenwart zu gelangen, schenke ihm die Größe und die Würde, erhebe ihn in den höchsten Stand, wie du ihm versprochen hast. Du, der du in Wahrheit nie dein Wort brichst."
Der Pilger betet darum, daß der Frieden über den Propheten herabkomme im Namen derer, die ihn dazu beauftragt haben. Dann betet er am Grab der Kalifen Abu Bakr und Omar. Zum Schluß wendet er sich nach Mekka und betet für sich und alle seine Glaubensbrüder.

TÜRK DELİLİ

Menschenmassen auf der Hauptstraße von Mina. In dieser Stadt befinden sich drei Teufel symbolisierende Steinpfeiler (Gamra), *gegen die die Gläubigen die in Muzdalifa gesammelten Steinchen werfen. „Verordne den Menschen die* Wallfahrt: *sie kommen zu Fuß oder auf abgemagerten Kamelen, aus weiter Ferne über Berg und Tal, damit sie von den Vorteilen Zeugnis geben, welche ihnen diese Reise bringt, und den Namen Allahs an den dazu bestimmten Tagen auszusprechen: für den Genuß des Viehes, welches er ihnen erlaubt. Darum eßt nur davon und speist auch den Bedürftigen und Armen. Dann mögen sie aufhören, ihren Körper zu vernachlässigen, und sollen ihre Gelübde erfüllen und um das allehrwürdige Haus herumgehen" (Koran, XXII, 27–29): das ist die Einsetzung der für alle gesunden Muslime verpflichtenden Wallfahrt.*

Oben: Eine Gamra *in Mina, umgeben von einer riesigen Menschenmenge, aufgenommen von der Hauptstraße aus in Richtung Osten.*

Folgende Seiten: Die in Mina zu verrichtenden Handlungen sehen vor, daß die Pilger Schafe und Hühner opfern. Sie tun dies nach dem Beispiel Abrahams, der einstmals seinen Sohn hätte opfern sollen. Nach diesen Verrichtungen dürfen sich die Gläubigen rasieren und den Ihram *(Pilgergewand) ablegen, auch wenn die große Wallfahrt ohne den Abschieds-Tawaf am letzten Tag noch nicht abgeschlossen ist.*

Oben: Eine Gamra. *Sie ist doppelt so groß wie ein Mensch und ist mit den von den Gläubigen geworfenen Steinchen bedeckt.*
Rechts: Blick auf die Hauptstraße von Mina in Richtung Mekka. Die Pilger begeben sich in der glühenden Sonne zum letzten Tawaf *in die Moschee.*
Die wichtigsten Stationen (wukuf) *der Wallfahrt sind: die erste Umschreitung der Kaaba, die dann sechsmal wiederholt wird; das siebenmalige Zurücklegen der Wegstrecke zwischen den Hügeln Safa und Marwa; das Besteigen des Berges Rahma (Berg des Erbarmens) in der Ebene Arafa; das Sammeln der Steinchen in Muzdalifa und das Werfen der Steinchen gegen die* Gamra al-Aqabah; *das Opfer der jungen Schafe oder Ziegen in Mina und das Teilen der Mahlzeit mit den Armen; die Wiederholung der Kaaba-Umschreitung.*

Folgende Seiten: Menschenmassen bei einer Gamra. Die Gläubigen drängen sich zu dem Pfeiler, um ihre Steinchen zu werfen.

فندق التيسير
TYSIR HOTEL

Links: Gläubige, die im Inneren keinen Platz finden, bleiben andachtsvoll vor der Moschee. Einer der eben vollzogenen Riten, das Steinewerfen gegen die Gamra, *bezieht sich auf eine Legende aus dem Leben Isaaks, dem Sohn Abrahams: „ ... als der junge Isaak ankam ... wird berichtet, daß ihm der Teufel in Gestalt eines Freundes erschien und ihm sagte: ... ‚Geh' nicht, mein Sohn, denn dein Vater will dich Gott opfern und töten'. Isaak soll voller Wut einen Stein ins Gesicht des Teufels geworfen haben; wenn das Volk an diese Stelle [Gamra] gelangt, wirft ein jeder, in Erinnerung daran, einen Stein an die erwähnte Mauer und geht in die Stadt" (Ludovico de Varthema).*
Unten: Die Rückkehr zur Moschee.

Der Strom der Pilger in der großen Moschee nimmt kein Ende. Auch nach Mitternacht erscheinen sie noch zum letzten Tawaf. *Wer die große Pilgerfahrt bis zum Schluß durchgeführt hat, erhält den Ehrentitel* Hagg *(derjenige, der Pilger war).*

Die Säulen des Islam

Links: Der Berg Hira, auf dem dem Propheten nach der Überlieferung die ersten Suren des Korans offenbart wurden.

Vorhergehende Seiten: Einer der Pfeiler, die auf die große Moschee mit der Kaaba hinweisen. Die Pilger reinigen sich hier an einem Brunnen, legen das aus zwei weißen Tüchern bestehende Ihram-*Gewand an und begeben sich zum Heiligtum.*

Von den Götzen zu dem Einen Gott

Mit Beginn des ersten Jahrtausends vor Christus traten in Arabien frühe Kulturformen in Erscheinung: es entstand eine mehr oder weniger eigenständige arabische Kunst mit monolithischen Skulpturen, ein proto-arabisches Alphabet. Seit dem 8. und 7. Jahrhundert vor unserer Zeitrechnung regierten Priesterkönige und Sybillenköniginnen in Nord- und Südarabien. In den heute mit Sand überdeckten Städten Südarabiens gab es zahlreiche Paläste, Festungen und große Tempel, über die gesamte Halbinsel verstreut erhoben sich Altäre, auf denen einer Unmenge von Gottheiten Tieropfer dargebracht wurden: dem Mond, einer männlichen Gottheit und der Sonne, einer weiblichen Gottheit, Gattin oder Tochter des Mondes. Eine ihrer Personifizierungen, al Lat oder Ilat, die Mutter-Gottheit, wurde von den Griechen unter dem Namen Leto verehrt. Ihr begegnet man später gemeinsam mit Manat, der Schicksalgöttin, und vielen anderen Götzen im Innenhof der Kaaba.

Große Kulturen – Assyrien, Babylonien, Persien, Ägypten – grenzten an Arabien, und Mekka wurde früher als „Bauchnabel der Erde" bezeichnet.

Außerdem führte vor dreitausend Jahren eine sehr wichtige Karawanenstraße durch Arabien, die Indien, das Mittelmeergebiet, Ostafrika und das Euphrat-Tal miteinander verband. „Damals, so nimmt man an, hielten die Kaufleute den Weg durch die Wüste für weniger gefahrvoll als den Seeweg, wo man den unberechenbaren Launen des Monsuns ausgesetzt war." (Emel Esin, *Mekka und Medina*). Lange Kamelzüge beförderten Perlen, wertvolle Metalle, Seide und Duftstoffe durch die Wüste: der Weihrauch aus Arabien glühte in den Tempeln Indiens, im Tempel des Amun in Ägypten und im Tempel von Jerusalem.

Die Bewohner Mekkas vertraten eine alte Handelstradition, und von ihnen konnte man sagen, „wer nicht Kaufmann war, galt nichts in der Stadt."

In Nordarabien lag das bedeutende Zentrum al Hedscher (al Higr), das Egra des Plinius. Verschiedene Völker siedelten sich hier an, vor allem die Thamud, die, wie der Koran berichtet (Sure XV, 82), in Berghöhlen wohnten und als Strafe für ihre Ungerechtigkeit durch ein Erdbeben ausgemerzt wurden.

Als die Bewohner Mekkas im wirtschaftlichen Leben der arabischen Halbinsel eine hervorragende Stellung erreichten, wurde ihre Stadt der Mittelpunkt des Handels und die Kaaba das religiöse Zentrum.

Das Alter der Kaaba wird durch zahlreiche Zeugnisse bestätigt. Al Masudi berichtet, daß in den Erzählungen der Sabäer die Kaaba einer der sieben Tempel war, die den sieben Planeten zugeordnet waren!

In ferner Vergangenheit wurde in Arabien der oberste Gott Allah Akbar verehrt, und bereits kurz vor Beginn der christlichen Zeitrechnung errichteten die sabäischen Chusaa in Mekka ein mächtiges, fünf Jahrhunderte bestehendes Staatswesen. Wahrscheinlich führte ein Mitglied dieser Herrscherfamilie in Mekka einen komplizierten Götzenkult ein, mit dem er während einer seiner Handelsreisen in Kontakt gekommen war. Jeder Stamm stellte nämlich nunmehr einen eigenen Götzen im Hof der Kaaba auf: Manat, die Sonnengöttin al Lat und der Mondgott al Ussa werden im Koran erwähnt. Insgesamt waren es 360 Götzen. Nach der Ausbreitung des Christentums wurde ein Bild der Jungfrau Maria mit Jesuskind hinzugefügt. Der Prophet verbot, dieses zu zerstören, als er die Vernichtung der Götzen anordnete. Die Feierlichkeit zur Erinnerung an Abrahams Pilgerfahrt nach Mekka verwandelte sich im Laufe der Jahrhunderte in ein mit heidnischen Elementen durchsetztes Fest und war stets mit einem Jahrmarkt verbunden. Die Stämme sandten Delegationen mit Geschenken, die Götzen wurden auf dem Rücken der Kamele getragen, Wahrsager betrieben ihr Geschäft, die Dichter schrieben Gedichte, von denen die schönsten an die Wände der Kaaba gehängt wurden – in der arabisch-islamischen Literatur heißen sie die „Hängenden" *(moallaqa)*. Stoffe, Leder, Tücher, Gewürze, Getreide wurden verkauft.

Die prä-islamische Wallfahrt kannte bereits zwei Formen: die große und die kleine Wallfahrt. Die Götzen wurden angebetet, auch wenn der Koran (Sure VIII, 35) ironisch bemerkt, daß sich die rituellen Gebete auf Pfeifen und Händeklatschen beschränkten. Seit Jahrhunderten galt das Gebiet, auf dem sich der Tempel erhob, als heilig: das Blutvergießen von Menschen und Tieren war verboten, und verfolgte Menschen und Tiere fanden hier Zuflucht. Es war auch verboten, in diesem trockenen Tal der Bakkah, „dem unfruchtbaren Tal", wie es der Koran nennt (Sure XIV, 38), Bäume und Sträucher zu roden. Hier hatte Abraham gemeinsam mit seinem Sohn Ismael eigenhändig das „Haus Gottes" errichtet. Ismael wurde der erste Diener des Tempels. Wie die Bibel berichtet, hatte Abraham den Befehl erhalten, Isaak, den Letztgeborenen, zu opfern, während im Koran die gleiche alttestamentliche Überlieferung (Exodus, Numeri) so dargestellt ist, daß Ismael, der Erstgeborene, hätte geopfert werden sollen.

Die Überlieferung besagt, daß Ismael, nachdem ihm der Opfertod erlassen war, sich mit der Mutter Hagar an diesem einsamen Ort niedergelassen hat. Sie waren so die ersten Bewohner dieses Ortes. Manchmal kam Abraham sie besuchen, und im Laufe einer dieser Besuche wurde auch die Kaaba errichtet. Im gleichen Gebiet lebte ein Stamm der Amalekiter, die Iurhumiten, aus dem die Frau Ismaels stammte.
Die einzelnen Stämme kämpften unentwegt um das Recht, die Kaaba zu betreuen. Ein in Mekka angesiedelter Stamm der Amalekiter griff die Nachkommen Ismaels an, die sich aus Respekt vor dem heiligen Ort weigerten zu kämpfen. Von den Amalekitern überwältigt und verjagt, lebten sie einige Jahrhunderte als Nomaden. Einige von ihnen, die Koraischiten, blieben jedoch in der Nähe der Kaaba. Kusai, ein zu diesem Stamm gehöriger Nachkomme Ismaels, erlangte den Vorsitz über die Kaaba zurück. Er wurde um 400 nach Christi geboren und ist ein Vorfahre des Propheten in fünfter Generation.
Seit dieser Zeit weiß man mehr über die Geschichte der heiligen Stadt. Arabische Quellen geben an, daß sie von Alexander dem Großen besucht wurde. Im Jahre 24 v. Chr. versuchte der römische Feldherr Aelius Gallus vergebens, auch nach Mekka zu gelangen, nachdem er Najran im Jemen erobert hatte. Gleiche Mißerfolge erlitten die Äthiopier und Perser. Der Stadt gelang es immer, sich fremder Mächte zu erwehren. Mekka wurde ein Stadtstaat mit einer Verfassung und wurde von der Oligarchie der Koraisch regiert, deren Mitglieder das vierzigste Lebensjahr überschritten haben mußten. Bevor sich der Islam auszubreiten begann, stand der Stadt ein „Rat der Zehn" vor. Kusai ließ einen Saal erbauen, in dem die Versammlung der Notabeln die öffentlichen Angelegenheiten besprachen, behielt sich jedoch das Recht vor, den Zeremonien in der Kaaba vorzustehen. Nach seinem Tod machten sich seine Söhne gegenseitig die Macht streitig. Von den Zwillingsenkeln war Hakim der Urgroßvater Mohammeds; er heiratete in Jathrib, dem späteren Medina. Abdal Muttalib, einer seiner Nachkommen, hatte das Gelübde abgelegt, einen seiner Söhne der Kaaba zu opfern, wenn der Himmel ihm zehn Söhne schenken sollte. Beim zehnten Sohn dann, bei Abd Allah, suchte er verzweifelt Rat bei einer Sybille, die ihm riet, ein Ersatzopfer darzubringen. Abd Allah, der Vater Mohammeds, hatte Amina, eine Nachfahrin des Bruders von Kusai geheiratet; vor der Vollendung seines 25. Lebensjahres, wenige Wochen vor der Geburt des Propheten, starb er in Medina.
Die Bewohner Mekkas, die von der Nomadenwirtschaft zu einer feudalistischen Wirtschaft übergegangen waren, zeichneten sich durch ihren Geschäftssinn aus. Trotzdem hatten sie die Stammessolidarität und die Tradition des arabischen Humanismus nicht aufgegeben: Ehre, Männlichkeit, Kühnheit, ritterlicher Geist, Schutz der Stammesangehörigen. So konnte der Prophet trotz der heftigen Widerstände weiterhin in seiner Geburtsstadt predigen, solange ihn der haschimitische Stamm beschützte.
Wirren und Unruhen kennzeichneten auf politischer und religiöser Ebene die Zeit, in der Mohammed geboren wurde. Das byzantinische Reich kämpfte seit Jahrhunderten gegen Persien, das wiederum nicht enden wollende Kriege gegen die Türken führte. Indien und Äthiopien waren durch innere Kämpfe erschüttert. Hinsichtlich des religiösen „Klimas" spricht Lamartine zu Recht vom „Chaos" der materialisierten Götter und der „märchenhaften Theologien". Ein echtes religiöses Fieber hatte den gesamten Mittleren Osten ergriffen. Im Hedschas gab es, abgesehen vom Götzenkult und dem chaldäisch-sabäischen Astralkult große Ansiedlungen von Magiern. Der Monotheismus war durch das Judentum vertreten, das großen Einfluß ausübte, außerdem noch durch das monophysitische und nestorianische Christentum, das sehr früh großen Einfluß ausübte, auch wenn es bald verfälscht wurde. Die Dreieinigkeit wurde oft mit den Gestalten des Vaters, des Sohnes und der Jungfrau Maria dargestellt. In Mekka und in Medina lebten nur wenige Christen. Die einzige bedeutendere christliche Kolonie gab es in Najran, im Jemen. Der jemenitische König Dhu Nuwas verfolgte die Christen und verbrannte viele von ihnen. Der Koran erinnert an dieses geschichtliche Ereignis (Sure LXXXV, 4), und der Kalif Omar ließ in der Frühzeit des Islam eine Moschee zu Ehren der christlichen Märtyrer errichten. Der Prophet selbst hatte mit den Christen Najrans einen Pakt geschlossen und sicherte ihnen volle Religionsfreiheit sowie den Schutz der Person und des Besitzes zu. Zahlreiche jüdische Gemeinschaften waren auf der ganzen Halbinsel entstanden. Der Koran erzählt von dem Besuch der jemenitischen Königin von Saba bei Salomo. Nach Mekka kamen Christen nur anläßlich der Jahrmärkte. Zahlreicher konnte man sie hingegen in Medina antreffen.
Medina ist „die Stadt", im Gegensatz zur Wüste. Ihr Name war Jathrib, das Latrippa des Ptolomäus. Während der Anfänge des Islam gab es hier eine sehr starke hebräische Kolonie, die aus drei Stämmen bestand, die wiederum in Familiengruppen zerrissen waren. Die seit undenklichen Zeiten in Medina angesiedelten Juden waren stark arabisiert und kulturell

fortgeschrittener als ihre arabischen Mitbürger. Unter ihnen waren viele Händler und Bankleute, so daß sie das wirtschaftliche Leben der Region unter Kontrolle hatten.
Nachdem Mohammed mit seinen Anhängern nach Medina geflüchtet war, suchte er den Kontakt zu den Juden. Er wollte mit ihnen über die Verfassung beraten, die er der Stadt zu geben gedachte. Einige von ihnen traten zum Islam über, einige lehnten ihn ab.
Nach einiger Zeit polemischer Auseinandersetzungen verzichteten die Juden Medinas auf antimuslimische Aktivitäten und akzeptierten die neue Verfassung, die für den neuen Staat eine Garantie gegen fremde Invasion darstellen sollte. Der Prophet wurde sogar aufgefordert, als Schiedsrichter zwischen feindlichen Gruppen aufzutreten. Seine Autorität entsprang nicht seiner Herkunft, sondern der Religion, die ihn über die Parteien stellte.
In der Absicht, die Gemeinschaft von Medina zu festigen, entwarf Mohammed nach Beratungen mit seinen Anhängern und den nichtmuslimischen Nachbarn eine Verfassung. Dies war nicht nur die erste Verfassung eines muslimischen Staates, sondern auch die erste geschriebene Verfassung der Welt. So gründete man „eine politisch-religiöse Gemeinschaft, die sich zusammensetzte aus muslimischen Emigranten aus Mekka, aus Muslimen aus Medina und aus Nicht-Muslimen, die die Zentralisierung der zivilen Macht akzeptierten. Die Gemeinschaft erkannte jedem ihrer Gründungsmitglieder die gleichen Rechte zu. Die Rechtsprechung war ein für allemal der Kollektivität und nicht mehr der Einzelperson anvertraut." (G. M. Hamidullah).
Auch wenn sich der Islam auf den Einen Gott und auf die Nächstenliebe stützt, so war es doch notwendig, innerhalb der Gesellschaft Einrichtungen zu schaffen, die dafür sorgten, daß diese Ziele respektiert wurden. Aus diesem Grund übernahm Mohammed neben seinen religiösen Aufgaben auch politische Macht. Aber sowohl in seiner Funktion als Gesetzgeber als auch als geistiger Führer betrachtete er sich nur als Gesandten Gottes.

Die Gesellschaft und das religiöse Gesetz

Als die Mitbürger Mohammed baten, sich nicht der Götzenverehrung zu widersetzen, antwortete er: „Würdet ihr mir die Sonne in die rechte Hand geben und den Mond in die linke, ich würde nicht auf meine Sendung verzichten."
Im Islam ist Gott der Allgewaltige, der Mensch ist nur sein Gesandter. „Bete: Allah, der du Herr der Herrschaft bist, du gibst die Herrschaft, wem du willst, du entziehst sie, wem du willst. Du erhöhst, wen du willst, und erniedrigst, wen du willst. In deiner Hand ist alles Gute, denn du bist über alle Dinge mächtig." (Sure III, 27).
Der Prophet hat sich nie über das offenbarte Gesetz gestellt. Jeder konnte sich wegen einer Beschwerde an ihn wenden, was auch des öfteren geschah. Aus der Staatskasse erhielt er den gleichen Anteil wie die anderen Bürger.
Das Treuegelübde, das ihm gegenüber abgelegt wurde, wurde eigentlich Gott und nur ihm geleistet, wie der Koran (XLVIII, 11) besagt: „Die dir Treue schwören, schwören Allah Treue und Allahs Hand ist über ihren Händen. Wer seinen Eid verletzt, der verletzt ihn zum Schaden seiner eigenen Seele, wer aber treu an dem Bündnis festhält, welches er mit Allah eingegangen ist, dem wird er sicherlich große Belohnung geben."
Der Islam vertritt eine grundsätzlich demokratische Auffassung der Regierungsform. Der Wille der Gemeinschaft stellt den Willen Gottes dar. Die Staatsführer wurden im klassischen Islam stets gewählt, die Verfassung war die Grundlage der Regierungstätigkeit (Koran, XLII, 37–39), und auch der Prophet hatte die Gewohnheit, die Meinung der Mitbürger anzuhören.
Die muslimische Kultur und die muslimische Denkweise werden von einem grundlegenden Prinzip beherrscht: es besteht keinerlei Diskrepanz zwischen dem Geistigen und dem Zeitlichen, und das religiöse Gesetz – in seinen wesentlichen Zügen im Koran niedergelegt – ist bestimmend für jegliches menschliches Handeln. Der Prophet hatte die Aufgabe, die Anwendung und Anpassung seiner Vorschriften an die gegebenen Umstände zu erklären und zu interpretieren. Seine Worte *(hadith)* bedeuten neben dem Koran die zweite Quelle des islamischen Rechtes. Die Pflichten und Verbote, die sich aus dem Koran und dem *Hadith* ergeben, sind für bestimmte Bereiche bindend (Religion, rituelle Handlungen, ethische Gebote). Die Rechtsgelehrten und die Gemeinschaftsversammlung hingegen sind zuständig für die möglichst korrekte Interpretation der Vorschriften, und sie geben die Kriterien für die Handhabung der alltäglichen Angelegenheiten, das heißt jene Angelegenheiten, die von Natur aus weder gut noch böse sind und die unter Berücksichtigung der gesellschaftlichen und historischen Veränderungen betrachtet werden müssen. Tatsächlich ist das islamische Recht sehr flexibel und sehr geeignet zur Lösung von Problemen einer sich entwickelnden Welt.

Rechts: Wüstenlandschaft mit einem der auf die große Moschee in Mekka hinweisenden Pfeiler. Von diesem Punkt ist die Moschee zu Fuß in drei Stunden, mit dem Auto in einer halben Stunde zu erreichen.

Im Inneren der folgenden Seiten: Die große Moschee (Masgid al haram) *mit der Kaaba. Die hier im Laufe der letzten zwanzig Jahre ausgeführten Restaurationsarbeiten wurden von Muslimen aus aller Welt, vor allem aber von der saudi-arabischen Königsfamilie materiell unterstützt.*

Es muß festgestellt werden, daß sich die muslimische Gemeinschaft – ihre Grundlagen wurden in Medina und Mekka gelegt – in ihrer Gesamtheit um „eine" Weltanschauung kristallisierte. Das einzige Element der Organisation und gleichzeitig der Macht ist der ständige Bezug auf den Koran und auf den Propheten. Das Element des Zusammenhaltes der Gemeinschaft liegt hingegen in den rituellen Handlungen, auf die sich das Leben eines jeden Gläubigen, ob Mann oder Frau, gründet. Sie geben ihm, vor allem während der Wallfahrt, das Gefühl und die Sicherheit, zu einem aus vielen Millionen Gläubigen bestehenden Ganzen zu gehören.
Die als die „Säulen des Islam" vorgeschriebenen Handlungen sind das *Gebet*, das *Fasten*, die *Abgabe des Zehnten* und die große *Wallfahrt*. Der Schlüssel zu allem, der Grundpfeiler des Gebäudes – der fünfte oder besser der erste Pfeiler – ist die *Shahada*, das *Glaubensbekenntnis*, das ohne jede rituelle Handlung (es gibt keine Sakramente) für den Beitritt zum Islam ausreichend ist. Es ist ein „Zeugnis" (die Etymologie reicht, wie im Griechischen, bis zum Akzeptieren des Märtyrertodes, dem höchsten Zeugnis). Der Gläubige, das heißt derjenige, der sich von Gott rufen läßt, vertraut sich der Wahrheit an, für die dieser seit aller Ewigkeit Àusdruck ist. Er „bekennt", daß er in voller Reinheit des Herzens und in aller Ehrlichkeit der Wahrheit zustimmt, die Gott „reich an Gnade und voller Erbarmen" durch seinen Propheten geoffenbart hat. Dabei spricht er folgende Worte: „Allah selbst hat bezeugt, daß es keinen Gott gibt außer ihm, und die Engel und alle vernunftbegabten Menschen bestätigen in Wahrheit, daß es keinen Gott gibt außer ihm, dem Mächtigen und Weisen." (Sure III, 19).
Die *Shahada* stützt sich zur Formulierung der Lehre von der transzendenten Einheit Gottes und der Grundlage des Islam auf die Offenbarung. Sie besteht aus zwei Teilen: der erste ist eine Verneinung, „es gibt keinen Gott (es gibt keine Wirklichkeit)" – *la ilaha;* der zweite Teil ist eine Feststellung, „außer ihm (wenn nicht Gott)" – *illa Allah.*
Diese Aussage enthält im Grunde die Gesamtheit der islamischen Botschaft; sie leugnet alles Relative und stellt fest, daß das Absolute der Eine ist, dem keine Nebengötter hinzugefügt werden dürfen. Dies bezeugen ganz besonders die Gebete der Pilgerfahrt.
Transzendenz und Immanenz sind als komplementäre Aspekte der letzten Wahrheit zu betrachten, denn Gott ist gleichzeitig das absolute Andere und das absolute Nächste, das die Negation und die Bestätigung übersteigt. Im zweiten Teil der Shahada bekennt der Gläubige, daß der Prophet Mohammed in Wahrheit der Gesandte Gottes ist, der getreu das ihm offenbarte Wort übermittelt hat, welches deshalb vom Koran als „eine Barmherzigkeit Gottes gegenüber der Welt" bezeichnet wird. Dieser zweite Teil des Bekenntnisses stellt eine Vervollständigung des ersten dar. Der erste Teil leugnet eine Realität, die nicht dem Absoluten entspricht, der zweite Teil erinnert an das „Geschenk Gottes." In bezug auf den „Inhalt" des Bekenntnisses sagt der Koran (Sure III, 85): „Sprich: ‚Wir glauben an Allah und das, was er uns gesandt hat, und an das, was er dem Abraham, Ismael, Isaak, Jakob und den Stämmen offenbarte, und an das, was Mose, Jesus und andere Propheten von ihrem Herrn zuteil geworden ist; wir machen zwischen keinem von diesen einen Unterschied. Wir sind Muslime (Allah untertan).' "
„Der Prophet glaubt an das, was ihm offenbart wurde, und alle Gläubigen glauben an Allah, an seine Engel, an die Schrift und an seine Propheten (in dem Gedanken). Wir machen keinen Unterschied unter seinen Propheten" (Sure II, 286).
„Auch vordem schon ist unser Wort unseren Dienern, den Gesandten, gegeben worden, daß sie Beistand gegen die Ungläubigen erhalten und daß unsere Schar Sieger bleiben werde. Darum trenne dich eine Zeitlang von ihnen und beobachte sie, und auch sie werden es endlich bemerken (daß sie Allahs Strafe trifft). Preis sei deinem Herrn, dem Herrn, welcher hoch erhaben ist über das, was sie von ihm reden! Friede sei über seinem Gesandten! Und Lob sei Allah, dem Herrn der Weltenbewohner!" (Sure XXXVII, 172–183).
Dieses Bekenntnis wäre jedoch sinnlos, würde nicht Folgendes in die Tat umgesetzt: „Die Gerechtigkeit besteht nicht darin, daß ihr das Antlitz (beim Gebet) nach Ost oder West richtet, sondern jener ist gerecht, der an Allah glaubt und an den Jüngsten Tag und an die Engel und an die Schrift und die Propheten; der voll Liebe von seinem Vermögen gibt: den Verwandten, Waisen und Armen und den Pilgern, überhaupt jedem, der darum bittet; der Gefangene löst, das Gebet verrichtet, Almosen spendet; der an geschlossenen Verträgen festhält; der geduldig Not und Unglück und standhaft die Schrekken des Krieges erträgt. Dieser ist gerecht: Er ist wahrhaft gottesfürchtig" (Sure II, 178).
Besondere Bedeutung wird der Ethik zugemessen, der Achtung der Gesetze Gottes und der Menschenrechte. Im Koran (Sure V, 49) heißt es: „Wenn es Allah nur gewollt hätte, so hätte er euch allen nur einen Glauben gegeben; so aber will er euch in dem prüfen, was euch zuteil geworden ist. Wetteifert

Links: Die in der Nähe des Berges Hira sich erstreckenden kahlen und unwirtlichen Bergzüge des Hedschas.

daher in guten Werken, denn ihr werdet alle zu Allah heimkehren, und dann wird er euch über das aufklären, worüber ihr uneinig wart."

Denn es entspricht der Wahrheit: „All denen – seien es Gläubige, Juden, Christen oder Sabäer –, wenn sie nur an Gott glauben, an den Jüngsten Tag und das Rechte tun, wird einst Lohn von ihrem Herrn, und weder Furcht noch Traurigkeit wird über sie kommen" (Koran, II, 63).

Die Erklärung der Einzigkeit Gottes („Wahrlich, Allah, euer Gott, ist ein *einziger* Gott!", Sure XXXVII, 5), der Allmacht des Schöpfers, der voller Liebe für seine Kreaturen ist, der sich durch die Propheten offenbart hat, um Zeugnis abzulegen für die einzige Wahrheit, ist der Kernpunkt der islamischen Botschaft: „Es gibt keinen Gott, außer diesem Gott."

Und die Sure CXII mit dem Titel *Bekenntnis zur Einheit Allahs* (Al-Ischlas), die Sure, die die Einzigkeit Gottes bekennt, ermöglicht dem Gläubigen, der sie aufsagt, ständig das ursprüngliche Zeugnis zu wiederholen, das alle Gesandten, Überbringer der universalen Botschaft, übermittelt haben:

„Sprich: Allah ist der alleinige, *einzige* und ewige Gott (der unwandelbare). Er zeugt nicht und ist nicht gezeugt, und kein Wesen ist ihm gleich."

Sich so in eine Beziehung bringen zu Gott, setzt eine Reihe von Vorschriften voraus, die die Gemeinschaft festigen; sie werden als die „Säulen des Islam" bezeichnet und sind: das Glaubensbekenntnis, das Gebet, das Fasten, der Zehnt und die Wallfahrt.

Das Gebet ist Pflicht für jeden männlichen oder weiblichen Muslim. „Und doch nichts anderes wird ihm befohlen, als Allah zu dienen und sich zu seiner reinen Religion zu bekennen und rechtgläubig zu sein und das Gebet zu verrichten und Zakat [den Armenbeitrag] zu geben; denn dies ist die rechte Religion" (Sure XCVII, 6).

„Allah kennt die Geheimnisse der Himmel und der Erde, und zu ihm kehrt alles zurück; darum verehrt nur ihn und vertraut auf ihn; denn dein Herr betrachtet genau, was ihr tut" (Sure XI, 124). „Verehre Allah durch die Ausübung der reinen Religion. Sollte Allah auch anders als durch eine reine Religion verehrt werden?" (Sure XXXIX, 3–4).

Beten bedeutet, der Lehre und dem Beispiel der großen Propheten zu folgen, denen Gott das Gebet empfohlen hat. In dieser Absicht stellte Abraham die Bitte: „O Herr, mache, daß ich und mein Same [meine Nachkommen] das Gebet einhalten. O Herr, nimm mein Flehen an" (Sure XIV, 41). Und sein Sohn Ismael „befahl seiner Familie [seinem Volk], das Gebet zu verrichten und Almosen zu geben, und war seinem Herrn wohlgefällig" (Sure XIX, 56).

Mose wurde kundgetan: „Ich bin Allah, und außer mir gibt es keinen Gott; darum verehre nur mich und verrichte, meiner eingedenk, das Gebet" (Sure XX, 15).

Zu Maria sprachen die Engel: „Maria, sei deinem Herrn ganz ergeben, verehre ihn und beuge dich mit denen, die sich vor ihm beugen" (Sure III, 44).

Jesus sagte über sich selbst: „Er gab mir seinen Segen, wo ich auch sei und er befahl mir, das Gebet zu verrichten und Almosen zu geben, solange ich lebe" (Sure XIX, 32).

Und Mohammed selbst, Siegel des Propheten, erhielt die gleichen Ermahnungen: „Gebiete deiner Familie, das Gebet zu verrichten, und beachte auch du dasselbe gewissenhaft" (Sure XX, 133).

Jeder Muslim muß täglich fünfmal beten. Das Gebet ist ein echter „Gottesdienst", der vom Betenden selbst gefeiert wird (der Islam kennt kein Priestertum). Für diesen Dienst muß er sich auf zwei verschiedene Weisen vorbereiten: geistig, durch die Absichtserklärung, körperlich durch die rituellen Waschungen mit reinem Wasser; sie dienen zur Reinigung jener Körperteile, die besonders für die Sünde empfänglich sind. Diese Vorbereitung für das Gebet ist die Voraussetzung für dessen Gültigkeit, denn dadurch wird die ursprüngliche Würde und Reinheit des Körpers wieder hergestellt.

Der Gläubige vollzieht die Weihe im Raum, indem man sich nach Mekka wendet – dem Mittelpunkt, wo, wie wir gesehen haben, alle Gebete zusammenströmen. Die Gebetsrichtung *(qibla)* wird in den Moscheen durch den *Mihrab* angezeigt, eine (leere) Nische, die den Weg zum Unendlichen weist. Im Alltag wird das Gebet innerhalb einer *begrenzten* Fläche verrichtet: auf einem Teppich, einer Matte, oder einfach innerhalb eines in den Sand gezeichneten Umrisses. Diese Fläche wird beim Gebet zum Tempel, zu einem heiligen Ort, in dem man sich ebenso wie in einem Heiligtum zu verhalten hat.

Täglich werden fünf Gebete verrichtet: *Salatu al Fagir:* das Morgengebet, nach dem Morgengrauen, vor Sonnenaufgang; *Salatu al Zuhr:* das Gebet zu Beginn des Nachmittags; *Salatu al Asr:* das Gebet des Nachmittags, *Salatu al Maghrib:* das Gebet zum Sonnenuntergang und *Salatu al Isha:* das Nachtgebet.

Durch die Anpassung an die vom Sonnenlauf im Jahr abhängigen Tageszeiten stimmt der Gläubige mit in den Vielklang des Kosmos ein, der in seiner Gesamtheit Gottes Lob anstimmt.

„Wer betet, steht Gott von Angesicht zu Angesicht gegenüber“

Es heißt, daß der Prophet eines Tages einem Mann auf die Frage, was Glaube sei, folgende Antwort gab: „Der Glaube ist der Glaube an Gott, seine Engel, an ein zukünftiges Leben, an die Propheten, an die Auferstehung.“ „Und was ist der Islam?“, fragte der Mann weiter. Der Prophet antwortete: „Islam bedeutet, Gott zu verehren, keine Nebengötter hinzuzufügen, das Gebet zu verrichten, den gesetzlichen Zehnt zu zahlen, während des *Ramadan* zu fasten.“ „Und worin besteht das rechtschaffene Verhalten?“ fragte wiederum der Mann. „Rechtschaffenes Verhalten“, antwortete der Prophet, heißt „Gott verehren, als würde man ihn sehen. Denn wenn ihr ihn auch nicht seht, so sieht er euch doch“.
Auch wird überliefert, daß der Prophet eines Tages sagte: „Wer betet, steht Gott von Angesicht zu Angesicht gegenüber“. Ebenso sagte er: „Die Engel sind bei euch während der Nacht, und andere Engel tagsüber; Scharen von Engeln vereinen sich während des Gebetes in der Morgenstunde und am Nachmittag. Die, die während der Nacht bei euch waren, kehren in den Himmel zurück. Und obwohl Gott eure Seelen viel besser kennt als seine Engel, fragt er sie: ‚Wie habt ihr meine Verehrer zurückgelassen?‘ ‚Wir haben sie im Gebet zurückgelassen‘, antworten die Engel, ‚wir haben sie im Gebet angetroffen.‘“
Ein Schriftsteller übermittelt folgende Worte des Propheten: „Es gibt sieben Arten von Menschen, die Gott an dem Tag mit seinem Schatten decken wird, an dem es keinen anderen Schatten gibt, als nur seinen: den gerechten Herrscher; den in der Verehrung des Herrn heranwachsenden Jugendlichen; den Menschen, dessen Herz mit den Moscheen verbunden ist; die, die sich in Gott in einer gegenseitigen Zuwendung lieben, sich vereinen und sich für ihn trennen; den, der von einer hochgestellten, schönen Frau bedrängt, antwortet: „Ich fürchte Gott“; den, der Almosen so diskret verteilt, daß seine linke Hand nicht sieht, was seine rechte tut; den, der in der Einsamkeit Gott lobpreist, bis er in Tränen aufgelöst ist.“
Die Sure Al-Fatiha (die den Koran „eröffnende“ Sure), wiederholt sich am meisten in den rituellen Gebeten. Als Prolog des Korans entspricht sie in etwa dem christlichen *Vater unser*. Sie wird bei allen wichtigen Lebensereignissen gesprochen: bei der Geburt, der Eheschließung und dem Tod. Der vollständige Text lautet:
„Im Namen Allahs, des Allerbarmherzigen! Lob und Preis sei Allah, dem Herrn aller Weltenbewohner, dem gnädigen Allerbarmer, der am Tage des Gerichtes herrscht. Dir allein wollen wir dienen, und zu dir allein flehen um Beistand. Führe uns den rechten Weg, den Weg derer, welche sich deiner Gnade freuen – und nicht den Pfad jener, über die du zürnst oder die in die Irre gehen!“
Die zweite Pflicht (die zweite Säule des Islam) ist das Fasten während des *Ramadan*. Das Fasten ist vorgeschrieben für den gesamten Mondmonat, den neunten Monat des islamischen Kalenders. Es handelt sich um ein absolutes Fasten, und jede Nahrung, oder jedes Getränk, und sei es ein Tropfen Wasser, sind vom Morgengrauen bis zum Sonnenuntergang verboten; für die gleiche Zeit ist auch für jeden Gläubigen, der die Geschlechtsreife erreicht hat, der eheliche Verkehr untersagt. Als Ausnahmen höherer Gewalt gelten: Reisen, Alter, Schwangerschaft. Das Fasten, das vor allem im heißen Klima eine harte Prüfung bedeutet, wird in Fröhlichkeit gelebt. „Der Monat Ramadan, in dem der Koran offenbart wurde – als Leitung für die Menschen und deutliche Lehre des Guten“ (Sure II, 186), ist eine heilige Zeit, während der die Nähe Gottes mit besonderer Intensität verspürt wird. Das dem Herrn gebrachte Opfer stärkt die Herzen, und der Herr spendet seinen Segen über jene, die fähig sind, „geduldig unter den Schicksalsschlägen“ und in den Schwierigkeiten zu verweilen und über das göttliche Wort zu meditieren: „Es werde von denen, die zu Hause weilen, gefastet; wer aber krank oder auf Reisen ist, der faste gleich lang zu einer anderen Zeit, denn Allah will es euch leicht machen und nicht schwer! Ihr müßt nur immer die bestimmte Anzahl der Fasttage einhalten. Verherrlicht Allah dafür, daß er euch auf den rechten Weg führte! Seid dankbar dafür! Wenn dich meine Diener über mich befragen, so sage Ihnen, daß ich nahe bin und die Gebete der Flehenden gern erhöre, wenn sie zu mir beten“ (Sure II, 186–187).
Die brüderliche Verbundenheit unter den Mitgliedern der Gemeinschaft ist während des Monats Ramadan besonders lebendig, denn es verstärkt sich das Mitgefühl für den Hunger und den Durst der Armen und der Entrechteten. Aus diesem Grund ist der Ramadan gleichzeitig der Monat der Gastfreundschaft, der Almosen und des brüderlichen Teilens.
An jedem Abend des Fastenmonats sprechen die Muslime folgendes Gebet: „Herr, ich habe für dich gefastet, ich vertraue dir, aufgrund deines Wohlwollens unterbreche ich das Fasten.“ In den Herzen herrscht nicht so sehr das Gefühl, einen Verdienst erlangt zu haben, sondern die Dankbarkeit, mit Hilfe des Allerhöchsten in dieser reinigenden Askese gelebt zu haben; man ist dankbar dafür, daß man die Möglichkeit hatte,

in Gemeinschaft mit allen Brüdern, ihm seine Liebe zu bezeugen.

Während des *Ramadan* wird in allen Moscheen die „Nacht des Schicksals" (al-kadr) in Erinnerung an jene Nacht gefeiert, in der die ersten Suren des Korans (es ist die 96. Sure!) dem Propheten geoffenbart wurden.

„Im Namen Allahs, des Allerbarmherzigen. Wir haben [den Koran] in der Nacht Al-Kadr offenbart. Was lehrt dich begreifen, was die Nacht Al-Kadr bedeutet? Die Nacht Al-Kadr ist weit besser als tausend Monate. In ihr stiegen die Engel und der Geist, mit Erlaubnis ihres Herrn, mit den Anordnungen Allahs über alle Dinge herab. Friede und Heil bringt diese Nacht bis zum Erglühen der Morgenröte" (Sure XCVII).

Drei Tage nach Beginn des Ramadan zeigt das erste Sichtbarwerden der Sichel des neuen Mondes den Zeitpunkt an, an dem „das kleine Fest" der Opferung zu feiern ist. Das „große Fest" fällt in die Zeit der Wallfahrt. Hier werden Tiere geopfert, in Erinnerung an das Opfer Abrahams, des Stammvaters aller Gläubigen, der seinen Sohn hätte opfern sollen.

Die Solidarität unter den Menschen kommt innerhalb der muslimischen Gemeinschaft durch die Zahlung des Zehnt *(zakat)* zum Ausdruck. Es handelt sich keinesfalls um ein Almosen, sondern um eine freiwillige und doch obligatorische Abgabe vom Vermögen der Reichen zugunsten der Armen. Der Koran verknüpft die Zahlung des Zehnts mit dem Lobpreisen Allahs: „Nur die Betenden machen eine Ausnahme, welche streng auf das Gebet halten und die gehörig und billig von ihrem Vermögen verschenken: dem Bettler, und dem, dem es die Scham verbietet zu fordern" (Sure LXX 23–26).

Hier soll nochmals auf das Wesentliche der islamischen Geistigkeit hingewiesen werden, aufgrund der es unmöglich ist, den „Rechtsanspruch Gottes" *(haqq allah)* von dem „Rechtsanspruch der Menschen" *(haqq adami)* zu trennen („haqq" bedeutet wörtlich „Wahrheit", „Wirklichkeit"). Jede Handlung, die eine echte Brüderlichkeit bezeugt, besitzt eine religiöse Bedeutung: „[Sie] speisen aus Liebe zu Allah den Armen, Waisen und Gefangenen und sprechen ‚Wir speisen euch nur um Allahs willen, und wir begehren von euch weder Lohn noch Dank; wir fürchten nur von unserem Herrn einen traurigen und schrecklichen Tag'" (Sure LXXVI, 9–11). Die vierte „Säule" ist die Wallfahrt nach Mekka, die jeder männliche und weibliche Muslim einmal im Leben durchführen muß.

Abgesehen von der religiösen Dimension zeigt die Wallfahrt heute, und zeigte vor allem im Mittelalter, auch bedeutende soziale und kulturelle Aspekte. Die Erzählungen über die Reisen zu den heiligen Stätten haben sich mit der Zeit zu einer eigenen Literaturgattung entwickelt. Sie sind ein Zeugnis für die Erfahrungen und das Zusammentreffen dieser Millionen Männer und Frauen, die, aus unterschiedlichen islamischen Ländern und aus den unterschiedlichsten Schichten stammend, hier zusammenströmten. Der Händler kann Waren in den Gebieten kaufen oder verkaufen, durch die er bei seinen oft sehr langen Reisen kommt. In diesen Ländern lernt er die jeweiligen Produkte, Märkte und den Bedarf kennen. Handelt es sich um einen Gelehrten, kann er Studien treiben, Kollegen treffen und sich am Gedankenaustausch beteiligen. So leistete die Pilgerfahrt für die muslimische Welt einen bedeutenden Beitrag zur Bildung eines islamischen Konsenses, oder wie wir heute sagen würden, einer islamischen öffenlichen Meinung. Der *Hagg* ist „wahrscheinlich der wichtigste Faktor des kulturellen Ausgleichs und der sozialen Mobilität des Islam" (B. Lewis).

Bis an das Ende der Welt

Nach dem Tod des Propheten verbreiteten seine Anhänger die Botschaft bis in die entferntesten Länder. Sie predigten in Syrien, in Palästina, in Persien und im fernen China. In weniger als einem Jahrhundert war der Islam bis zu den damals bekannten Grenzen der Welt vorgedrungen.

Die ersten vier Kalifen, die dem Propheten in der Führung der Gemeinschaft nachfolgten, waren von dieser gewählt worden. Sie waren in Medina ansässig und saßen auf der untersten Stufe des Lehrstuhls Mohammeds. Der erste Kalif war Abu Bakr, Schwiegervater und treuer Freund des Propheten. Er hat seine letzte Ruhestätte zu Mohammeds Füßen in der Moschee von Medina. Der zweite Kalif, Omar ibn al-Chattab, drang in Jerusalem ein, zerschlug das sassanidische Reich und führte die islamische Gesetzgebung und Rechtsprechung ein. Er wurde ermordet und ruht in Medina neben dem Propheten. Der dritte Kalif, Othmann, der wesentlich an der Kodifizierung des Korans beteiligt war, wurde von einer Gruppe Andersgesinnter getötet, während er den Koran las.

Der vierte Kalif, Ali, der Vetter und Schwiegersohn Mohammeds, verließ im Jahre 36 der Hedschra Medina endgültig. Er starb gemeinsam mit dem Sohn Husein und einigen Mitgliedern seiner Familie eines unnatürlichen Todes. Von hier ab trennten sich die Muslime in *Schiiten* (Nachfolger Alis), die zum großen Teil im Iran leben, und die *Sunniten*, den weitaus größten Teil der Muslime (etwa 90 %).

Unter der Herrschaft der ersten drei Kalifen war Medina die politische Hauptstadt des Islam. Die Witwen des Propheten und viele seiner Gefährten lebten hier. Hier war die erste islamische Universität.

Das Haus und die Moschee des Propheten waren bereits zu seiner Zeit mehrfach vergrößert und erneuert worden. Im Jahre 88 der Hedschra wurde die neue Moschee erbaut. Nachdem sie mehrfach durch Feuer zerstört worden war, wurde sie im 9. Jahrhundert der Hedschra durch den ägyptischen Sultan Kait Bei wiedererrichtet: es entstand die Moschee in ihrer heutigen Form. Die erste islamische Bibliothek wurde in Medina eingerichtet.

Die Moschee um die Kaaba wurde von dem Omajjaden Walid I. 715–725 erbaut. Zahlreiche Ergänzungsbauten und Verschönerungen sind das Werk der Nachfolger. Im Jahre 1399 wurde die Moschee zum großen Teil durch ein Feuer zerstört und im Jahre 1404 prachtvoll restauriert. Der osmanische Sultan Suleiman I. stellte sie vollständig wieder her; beendet wurden die Arbeiten von seinem Nachfolger Murad III. In jüngster Zeit wurde die Moschee auf Veranlassung des saudischen Königshauses vergrößert. Die Kaaba und der südliche Teil blieben unberührt. In Medina erhielt die Moschee eine neue Umfassungsmauer, Krankenhäuser, Schulen und ein Institut für Theologie wurden neu errichtet. Der Hedschas erreichte durch die Anlage zahlreicher Straßen eine bisher nicht gekannte Sicherheit. Der Pilger gerät in Erstaunen, wenn die *Suq* (Läden) der Händler während der Gebetsstunden geöffnet und unbewacht bleiben.

Soweit es ihm möglich ist, liegt es dem Pilger am Herzen, die Stätten zu besuchen, die mit der Geschichte des Islam verbunden sind. Dazu gehören: die Moschee von Quba, die erste islamische Moschee, auf deren sandigen Boden im Innenhof Mohammed zum ersten Mal Fuß auf medinesischen Boden setzte (die heutige Moschee stammt aus dem vergangenen Jahrhundert); das Gebiet des alten Friedhofs bei Mekka, auf dem die geliebte Frau des Propheten Chadidscha ruht; die Stelle in der Umgebung von Mekka, wo der Prophet sein Zelt errichtet hatte (angezeigt durch eine Ädikula im Innenhof der Moschee Al Khaif); und im *Suq* von Mekka der Laden, der Abu Bakr gehörte.

Die Stadtbibliothek befindet sich an der Stelle, wo das Haus des Propheten stand. Die Orte haben sich nicht verändert. Man kann noch immer die „Höhle der Spinne“ sehen, in die der Prophet und der treue Abu Bakr in ihrer Not flüchteten; der „Berg des Lichtes“ (Jamal al nur) mit der Höhle – einen Kilometer von seinem Haus entfernt –, wo Mohammed die göttliche Offenbarung empfing; die Schlachtfelder von Badr und Uhud; nicht weit entfernt der Friedhof, auf dem Hamsa, der mutige Onkel des Propheten und die siebzig *Chuhada,* die Märtyrer, ruhen; auf dem Friedhof von Al Baqi ruhen die Frauen und die Gefährten Mohammeds. Ganz in der Nähe erhebt sich die kleine Moschee mit den zwei *Mihrab,* die eine weist in Richtung Jerusalem, die andere nach Mekka *(Masgid al qibla-taya).* Zu Beginn des Islam wurde das rituelle Gebet in Richtung Jerusalem gesprochen, bis eine Offenbarung den Propheten veranlaßte, die Gebetsrichtung nach Mekka zu verlegen.

So vollzieht der Pilger, eine Etappe nach der anderen, die wunderbare Geschichte nach, die vor nunmehr drei Jahrtausenden mit der „Suche“ Adams begann und die die Sendung des Propheten an den gleichen Orten wieder gegenwärtig gemacht hat. Mit großer Verwunderung stellt er fest, mit welch geringen Mitteln eine Gemeinschaft gegründet wurde, die heute fast eine Milliarde Gläubige umfaßt und die wohl als einzige Religion im Wachstum begriffen ist. Mit Respekt erfüllt kommt der Pilger oft aus weit entfernten Ländern, um am Grab des Propheten zu beten, der versprochen hatte, daß der Pilger seinerseits dafür gesegnet werde. Er wird sich daran erinnern, daß sich der treue Abu Bakr mit folgenden Worten an die trauernde Versammlung wandte: „Wenn ihr Mohammed verehrtet, so wißt, daß er tot ist. Aber wenn ihr Diener Gottes seid, denkt daran, daß Gott ewig lebt, denn er ist ewig.“

Im Laufe dieser Tage hat der Pilger in Mekka, Arafa, Mina und Medina mit außergewöhnlicher Intensität seine Zugehörigkeit zu dieser großen Gemeinschaft der Gläubigen erfahren. Er ist ein winziger Teil, eine Zelle dieser Gesamtheit, die in der Zeit und im Raum über dieses kollektive, jedoch vergängliche Ereignis hinaus fortdauert. Er bewahrt das Wasser von der Quelle *Semsem,* den *Ihram,* das Gewand der Weihe, auf, damit einst sein Leichnam damit bekleidet werde. Er hat um die Verzeihung der Sünden gefleht und hat auf der letzten Station, beim Abschieds-*Tawaf,* Dank gesagt: er hat eine Art Wiedergeburt erfahren. Sein ganzes Leben lang wird er jenen Augenblick nicht vergessen, als er vor dem Heiligtum Allahs stand und die Worte sprach: *„Labbayka, Allahuma, labbayk“* (Hier bin ich, mein Herr, hier bin ich).

Auch außerhalb der Zeit, in der die große Wallfahrt stattfindet, wimmelt die Stadt von Pilgern und Autos aus aller Welt. Mekka zählt heute etwa 370 000 Einwohner. Die Stadt ist die heiligste Stätte der islamischen Menschheit und Geburtsort des Propheten Mohammed. Deshalb ist Mekka auch der geistige Mittelpunkt Saudi-Arabiens und Hauptstadt der Region Hedschas. Die Stadt ist in eine obere und eine untere Stadt gegliedert, zwischen denen die Masgid al haram, *die große Moschee mit der Kaaba, liegt. Der Wohlstand der Stadt ist zu einem guten Teil auf die alljährlichen Wallfahrten zurückzuführen.*

Unten: Die konzentrischen Kreise (mataf) *aus buntem Marmor sind der Bereich, in dem der* Tawaf *vollzogen wird. Die Kaaba ist vollkommen bedeckt mit der* Kiswa, *die jedes Jahr zur Zeit der Wallfahrt erneuert wird. „... in der Mitte dieses Tempels war ein freier Platz und in dessen Mitte ein Turm; die Größe dieses Turmes beträgt fünf oder sechs Schritte an jeder Seite. Er ist bedeckt mit einem Seidentuch und hoch etwa vier Ellen, in Manneshöhe befindet sich eine Tür aus Silber, durch die man den Turm betritt ... Das ganze Volk beginnt morgens, noch vor Tag, siebenmal um den Turm zu gehen ... dabei werden alle Ecken berührt und geküßt" (Varthema).*
Rechts: Die Moschee während der Restaurierungsarbeiten.

Oben: Die Gläubigen küssen den schwarzen Stein. Es wird berichtet, daß sich durch die Wärme ihrer Körper das Metall, das den schwarzen Stein schützt, manchmal verbiegen soll.
Rechts: Koranlesung in der Moschee. Viele Gläubige verharren vom Morgen bis zum Abend in der Moschee, ohne Nahrung zu sich zu nehmen.

Folgende Seiten: Der nächtliche Tawaf ist von besonderem Reiz.

Links: Die Außenwand der Moschee mit schönen polychromen Verzierungen; der Bau einiger Abschnitte erstreckte sich über einen Zeitraum von zehn Jahren.
Rechts: Ein Großteil der Gläubigen versammelt sich vor allem in der Mittagszeit unter der glühenden Sonnenhitze in der Moschee.

Folgende Seite: Die Kaaba in der Morgendämmerung. Unter dem Innenhof der Moschee ist der Brunnen Semsem zu sehen, der, wie die Überlieferung berichtet, durch göttliches Eingreifen aus dem Boden quoll, um Hagar, die Frau Abrahams, und deren Sohn Ismael vor dem Verdursten zu retten.

Medina

Seite 119: Die Moschee von Medina, in der der Prophet Mohammed begraben liegt. Hierzu schreibt Ludovico de Varthema: „Darinnen ist ein Grab, das heißt eine Grube unter der Erde, in die Mohammed gelegt wurde; es befinden sich hier auch zwei seiner Schwiegersöhne ... weiterhin sind hier zwei seiner Schwiegerväter ...“.
Vorhergehende Seiten: Blick von oben auf die Moschee. In der Mitte liegen die Gräber Mohammeds und seiner ersten beiden Nachfolger unter der grünen Kuppel. Auf dem rechten, den Pilgern zugänglichen Platz, gab es bis vor einigen Jahren einen Markt (suq) *mit der typischen orientalischen Atmosphäre.*

Oben: Badr. Hier besiegten im März 624 die von Mohammed angeführten muslimischen Truppen die zahlenmäßig weit überlegenen Mekkaner.
Rechts: Die neue Moschee von Quba, die von der Moschee des Propheten aus mit dem Auto in einer viertel Stunde zu erreichen ist. Hier hielt sich der Prophet einige Tage auf, bevor er nach Mekka zurückkehrte.

Oben: Uhud, wo im Jahre 625 die muslimischen Truppen eine Niederlage erlitten. Die Gräber der Gefallenen liegen am Fuße des Hügels und sind heute mit in den Bereich der Moschee einbezogen.
Links: Einkaufsviertel von Medina, der wohlhabendsten Stadt der Region, wo Waren aus aller Welt gehandelt werden.

Betende Gläubige in der Moschee des Propheten in Medina; hinter ihnen ist der Mimbar (Predigtkanzel) zu erkennen.

Oben: Der Innenhof der Moschee des Propheten in Medina. Wo sich heute die Kuppel wölbt, lebte einst Mohammed mit seinen Frauen. Hier wurde er auch nach seinem Tod beigesetzt.

Folgende Seiten: Die Moschee des Propheten in der Abenddämmerung.
Seite 132: Mekka. Die betenden Gläubigen klammern sich an die Kaaba in der Mitte der großen Moschee.
Verschiedene Suren des Koran befassen sich mit dem Jüngsten Gericht. Eine dieser Stellen lautet: „Wenn in die Posaune gestoßen wird, dann wird alles, was in den Himmeln und was auf Erden ist, ohnmächtig niederstürzen, nur die Wesen ausgenommen, welche Allah davon ausnimmt. Und wenn wieder in die Posaune gestoßen wird, dann werden sie sich wieder aufrichten und um sich blicken. Und die Erde wird im Licht ihres Herrn leuchten, offen liegt das Buch, und die Propheten und Märtyrer treten als Zeugen auf, und nur in Gerechtigkeit wird zwischen ihnen gerichtet und keinem ein Unrecht geschehen. Eine jede Seele wird dann den vollen Lohn ihres Tuns erhalten; denn er kennt ihr Tun.
Und die Ungläubigen werden dann in Scharen *zur Hölle getrieben. Welch ein unglückseliger Aufenthalt ist das für die Hochmütigen! Die aber ihren Herrn gefürchtet haben, werden* scharenweise *zum Paradiese geführt, dessen Pforten sich bei ihrer Ankunft öffnen, und die Wächter derselben werden zu ihnen sagen: ‚Friede über euch! Ihr wart gut, darum kommt herein und bleibt ewig hier!'“*
(Sure XXXIX, 69–74)

Chronologie

Um 1000 v. Chr. Frühe Kulturen in Arabien.

8. Jh. v. Chr. Assyrische Quellen berichten von einem Sabäer-Reich im südlichen Arabien.

7. Jh. v. Chr. Priesterkönige und Sibyllenköniginnen regieren in Arabien.

Mitte 2. Jh. v. Chr. Königreich der Nabatäer in Nordarabien (Hauptstadt Petra).

70–128 n. Chr. Entstehung jüdischer Ansiedlungen in der Gegend von Medina.

106 Das Nabatäer-Reich wird als Arabia Petraea römische Provinz.

272 Römer erobern Palmyra.

3. Jh. Das Königreich von Saba umfaßt den größten Teil Südarabiens und erreicht damit seine größte Ausdehnung.

525 Das Königreich Saba wird von den Äthiopiern vernichtet.

um 570 Mohammed wird in Mekka geboren.

7. Jh. Mekka und der Hedschas bilden ein Handelszentrum am Weg nach Indien.

um 610 Beginn der Mission Mohammeds.

622 Mohammed und ein Teil seiner Anhänger flüchten nach Medina. Mit dem Datum der *Hedschra* (= Auswanderung) beginnt die muslimische Zeitrechnung.

622–632 Wegen der anhaltenden Verfolgungen begibt sich ein Teil der muslimischen Gemeinde nach Äthiopien.

624 Mohammed besiegt die Mekkaner bei Badr.

625 Die Mekkaner besiegen Mohammed bei Uhud (Ohod).

626 Mohammed erreicht die Unterordnung der in Medina wohnenden Juden.

628 Mohammed besiegt die Juden aus Medina endgültig. Der Jemen wird islamisch. Vertrag von Hudaibiya zwischen Mohammed und den Mekkanern.

630 Mohammed erobert Mekka. Einrichtung der großen Pilgerfahrt *(hagg)*.

632 Feierliche Abschiedswallfahrt Mohammeds nach Mekka. Mohammed stirbt in Medina.

632–643 Abu Bakr erster Kalif. Muslimische Heere fallen in Mesopotanien ein.

634–644 Der zweite Kalif, Omar, setzt die Eroberungspolitik außerhalb Arabiens fort. Dekret über die Ausweisung der Christen und Juden.

642 Muslime in Persien und Ägypten.

642–645 Muslime erreichen die Cyreneika.

644–656 Othman, dritter Kalif, läßt den Koran redigieren.

649 Araber erobern Zypern von Byzanz.

656–661 Ali ibn Abu Talib vierter Kalif; schwere innere Auseinandersetzungen.

661 Ermordung Alis. Beginn des Kalifats der Omajjaden (661–750).

664–674 Muslime erobern Buchara, Samarkand und Kabul.

674–680 Die Araber belagern Konstantinopel.

691 Errichtung der Omar-Moschee (Felsendom) in Jerusalem.

698 Araber erobern Karthago.

710 Bau der Moschee in Medina.

711 Araber dringen auf die Iberische Halbinsel vor.

715–725 Der Omajjade Walid I. läßt um die Kaaba die große Moschee errichten.

732 Karl Martell bringt durch seinen Sieg bei Tours und Poitiers die Expansion des Islams zum Stehen.

750–1258 Kalifat der Abbasiden.

756 Die überlebenden Omajjaden gründen in Córdoba ein unabhängiges Emirat.

909–1171 Kalifat der Fatimiden in Ägypten.

929 Der Emir von Córdoba nimmt den Titel „Kalif" an.

930 Plünderung Mekkas durch die Karmaten, eine schiitisch-ismailitische Geheimsekte, die für 9 Jahre den schwarzen Stein aus der Kaaba entführen.

1099 Die Kreuzritter erobern Jerusalem.

1171–1228 Kalifat der Aijubiden. Saladin stürzt (1173) die verschiedenen lokalen Dynastien Arabiens und stellt die politische Einheit der Halbinsel wieder her; eroberte im Kampf mit den Kreuzrittern 1187 Jerusalem und Palästina zurück.

1291 Akkon wird von den Mamelucken erobert; Ende der Kreuzzüge.

1302–1922 Osmanisches Reich. Mekka wird 1517 anektiert.

1520–1566 Suleimann II. der Große oder der Prächtige dehnt seinen Herrschaftsbereich praktisch auf ganz Arabien aus.

1663 Der Beduinenführer al Humayd vertreibt die Osmanen aus der Region al Hasa.

18. Jh. Die Wahhabiten verkünden die Rückkehr zum ursprünglichen Islam und gründen in Nedschd ein islamisches Königreich.

1813 Mekka gerät in Abhängigkeit von Ägypten.

1840 Mekka wird wieder türkisch.

1902 Ibn Saud Emir von Nedschd; erobert 1924–26 das Königreich Hedschas und nimmt 1926 den Königstitel an; 1932 König von Saudi-Arabien.

Glossar

Abbasiden, bedeutendstes Herrschergeschlecht des Islam, 750–1258 in Bagdad.

Abd Allah (arabisch = Sklave Gottes), Vater Mohammeds; starb vor der Geburt seines Sohnes auf einer Reise.

Abdal Muttalib, Großvater väterlicherseits von Mohammed; übernahm nach dem Tod der Mutter die Erziehung des Knaben.

Abu Bakr, *Abu Bekr,* Schwiegervater, Gefolgsmann und Nachfolger Mohammeds, 573–634; wurde 632 der 1. Kalif.

Abu Talib, Onkel Mohammeds väterlicherseits; übernahm nach dem Tod der Mutter und des Großvaters die Erziehung Mohammeds. Trat nie zu der Religion seines Neffen über.

Adhan, der Ruf des Muezzin.

Adn, im Koran eine Bezeichnung für Paradies; entspricht dem Garten *Eden.*

Ajat, die Verse einer Sure.

Al-id al-kabir, das „Opferfest", das am 10. Tag des 12. islamischen Monats begangen wird.

Al-Fatiha, die Eröffnungssure des Koran und gleichzeitig das verbreitetste Gebet des Islam.

Ali ibn Abu Talib, der 4. Kalif, um 602–661 (ermordet); Vetter und Schwiegersohn Mohammeds (Mann Fatimas), 665 Kalif; kämpfte gegen die Omajjaden.

Allah (von arabisch *al-ilah* = der Gott), schon vorislamischer Name Gottes; von Mohammed als einzige, persönliche Gottheit geglaubt und verkündet.

Amin (= der Getreue), Beiname Mohammeds.

Amina, *Aminah* (= die Getreue), Mutter Mohammeds; starb, bevor ihr Sohn 6 Jahre alt war.

Arafa, Ebene in der Nähe von Mekka, die bei der großen Pilgerfahrt *(hagg)* eine ganz besondere Bedeutung hat.

Ashura, Fastentag, der auf den zehnten Tag des Monats *Muharram* (erster Monat des islamischen Jahres) fällt.

Asir, Hochfläche im Westen der Arabischen Halbinsel.

Basmala, die sich in fast jeder Sure wiederholende Anrufung Allahs.

Dua, das freie Gebet, in dem Allah um die Erfüllung individueller Wünsche angefleht wird; ist an keine bestimmte Form, Haltung oder Zeit gebunden.

Emir, *Amir,* in muslimischen Ländern Titel von Oberbefehlshabern und Statthaltern.

Gahannam, die Hölle; nach dem Jüngsten Gericht der Aufenthaltsort der Ungläubigen. Andere Bezeichnungen: Hariq, Hawija.

Gamra, weiße Steinpfeiler, die Teufel symbolisieren; gegen sie werfen die Pilger während der großen Wallfahrt kleine Steinchen.

Gannat, der Garten der Glückseligkeit, im Koran das Paradies.

Hadd, Mehrzahl *Hudud,* in Koran oder Sunna festgelegte Strafen für bestimmte Delikte.

Hadith (arabisch = Bericht), anfänglich mündliche, ab dem 8. Jahrhundert schriftliche Überlieferung der Worte und Taten Mohammeds und seiner ersten Anhänger; neben dem Koran Glaubens- und Rechtsquelle.

Hadschar (arabisch = schwarzer Stein), in der Kaaba befindlicher Meteorstein.

Hagg, die durch den Koran für jeden volljährigen und gesunden Muslim verpflichtend vorgeschriebene große Wallfahrt nach Mekka. Der H. ist nur gültig, wenn sich der Pilger den Bedingungen eines besonderen Weihezustandes unterwirft und die vorgeschriebenen Zeremonien vollzieht.

Hanif, im Koran Bezeichnung für die echten Monotheisten, deren Glaube auf den Stammvater Abraham zurückgeht.

Haqq allah, der Rechtsanspruch Gottes.

Hira, auch Berg *Nur* (Berg des Lichtes) genannter Berg in der Nähe von Mekka. Nahe dem Gipfel befindet sich die *Höhle der Suche,* in die sich Mohammed während des Ramadan zurückgezogen hatte und in der er die Offenbarung der ersten Suren des Korans empfing.

Id al-fitr, „Fest des Fastenbrechens"; wird am Ende des Fastenmonats Ramadan begangen.

Ihram, der besondere Weihezustand der Pilger während des Hagg. Der Pilger darf sich nicht rasieren, kämmen, keine Nägel schneiden und muß sich der Jagd, des Parfümgebrauches und des Geschlechtsverkehres enthalten. Äußeres Kennzeichen: das Tragen der Ihram-Tracht: zwei ungesäumte weiße Tücher, die um die Hüften bzw. um die Schulter getragen werden.

Imam (arabisch = Vorbild, Führer), der Vorbeter, Leiter des gemeinschaftlichen Gebetes; bei den Sunniten Ehrentitel hervorragender islamischer Gelehrter.

Islam [arabisch = Ergebung, Hingabe (ursprünglich an den Willen Allahs, später zugleich an den seines Gesandten)], Name, den die Muslime der von Mohammed (zwischen 610 und 632) aus arabischen, jüdischen, christlichen und gnostischen Elementen gestalteten Religion und der von ihm begründeten (theokratischen) Ordnung des politischen Gemeinwesens gaben.

Kaaba (arabisch = Würfel), fast würfelförmiger (12 × 10 × 15 m) Zentralbau der Moschee von Mekka, an dessen Ostseite der schwarze Stein *(Hadschar)* eingemauert ist; ursprünglich altarabisches heidnisches Heiligtum.

Kalif, Titel der Nachfolger Mohammeds als geistliches und weltliches Oberhaupt der Muslime; seit 661 nur von den Sunniten anerkannt.

Kibla, arabisch *qibla,* Gebetsrichtung, nach der hin der Muslim seine Gebete verrichtet; ursprünglich Jerusalem, 624 von Mohammed nach Mekka verlegt; wird in den Moscheen durch den *Mihrab* angezeigt.

Kitab (arabisch = Schrift, Buch), im Koran: heilige Schrift. *al-kitab* ist gleichbedeutend mit „Koran".

Koran (arabisch *qur'an* = das zu Rezitierende), die hl. Schrift des Islam, enthält die von Mohammed vermittelten Offenbarungen, die diesem vom Engel Gabriel nach der im Himmel befindlichen Urschrift diktiert worden seien; enthält Gebete, Predigten und Anweisungen. Der K. ist die Glaubens- und Sittenlehre des Islam. Um 650 ließ der Kalif Othman eine vereinheitlichte autoritative Fassung redigieren, die in 114 unterschiedlich lange Abschnitte *(Suren)* eingeteilt ist. Andere Bedeutungen: „Unterscheidung zwischen wahr und falsch", „Offenbarung", „Rettung", „den Menschen enthüllte Weisheit".

Laylatu 'l-qadri, die „Nacht des Schicksals" oder „des Dekretes", der 27. Tag des Monats Ramadan; an diesem Tag gedenkt die islamische Welt des Beginns der Offenbarungen, die Mohammed empfing.

Mihrab, Gebetsnische in der Moschee; zeigt die Gebetsrichtung, die Kibla *(qibla),* an.

Mohammed (arabisch = der Gepriesene), eigentlich *Abu 'l-Kasim Muhammad ibn'Abd Allah,* Stifter des Islam, * um 570 Mekka, † 8. 6. 632 Medina, heiratete um 595 *Chadidscha;* um 610 Berufungserlebnis (Nacht des Schicksals), mit dem die Offenbarung des Korans eingeleitet wurde. 622 wanderte M. mit seinen Anhängern nach Medina aus *(Hedschra),* gewann dort auch bei den Juden Ansehen; eroberte 630 Mekka. Mit seinen alle Bereiche des Lebens betreffenden Lehren wurde M. nicht nur der Stifter des Islam sondern auch Begründer des islamischen Reiches.

Moschee, arabisch *masgid,* islamisches Bethaus; die M. war uspründlich auch ein Ort, an dem Versammlungen aller Art stattfanden. Die erste Moschee wurde auf Veranlassung von Mohammed in Medina errichtet. Die „heilige Moschee" in Mekka ist die Kaaba.

Muezzin, Gebetsrufer, der täglich fünfmal vom Minarett bzw. einem erhöhten Platz in der Moschee die Gebetszeit ausruft.

Mulud, *Maulid,* Feierlichkeiten zum Geburtstag des Propheten (12. Tag des 3. islamischen Monats).

Muslim (arabisch = der sich Gott Hingebende), Selbstbezeichnung der Anhänger des Islams. Die Bezeichnung *Moslem* ist sehr verbreitet, jedoch sprachlich unkorrekt, sachlich unkorrekt ist die Bezeichnung *Mohammedaner.*

Omajjaden, *Umajjaden,* die erste Kalifendynastie, 661–750; Residenz: Damaskus; schufen nach dem Sturz durch die Abbasiden in Spanien das Emirat Córdoba (755).

Omar ibn al-Chattab, um 592 Mekka – 644 Medina (ermordet), Freund Mohammeds, 634 2. Kalif; begründete das islamische Weltreich.

Othman ibn Affan, Schwiegersohn Mohammeds, * um 570 Mekka, † 644 Medina (ermordet); 644/656 dritter Kalif; ließ den Koran redigieren.

Raka, eine Einheit von Gebet und Gebärde; jedes rituelle Gebet umfaßt eine festgelegte Anzahl von Rakas.

Ramadan, der Fastenmonat, der neunte Monat des islamischen Mondjahres; während der 29 Tage des Monats sind Fasten und Enthaltsamkeit vorgeschrieben. Die Einhaltung dieses Gebotes ist eine der Säulen des Islam.

Rasul, der von Gott Gesandte; Beiname Mohammeds.

Salat, das an bestimmte Körperhaltungen, Texte, Zeiten und andere Bedingungen gebundene rituelle Gebet; gilt als eine der höchsten Pflichten des Muslims.

Säulen des Islam, die fünf Hauptgebote, die jeder Muslim zu beachten hat: Shahada, Salat, Ramadan, Zakat, Hagg.

Schiiten, Gruppierung des Islam, die im Gegensatz zu den Sunniten Ali und seine Nachkommen das rechtmäßige Kalifat zuerkannte. Das religiöse Gedankengut der S. ist von gnostisch-manichäischen, christlichen, neuplatonischen und altiranischen Vorstellungen beeinflußt.

Shahada, das Glaubensbekenntnis; die erste der fünf Säulen des Islam: „Es gibt keinen Gott außer Allah, und Mohammed ist der Gesandte Gottes."

Sufismus (von *sufi* = der mit Wolle bekleidete Asket), die Mystik des Islam; brachte neoplatonische und christliche Elemente in den Islam ein.

Sunna, vorbildliche Handlungsweise Mohammeds in Tun, Reden und unausgesprochenem Gutheißen; im *Hadith* schriftlich niedergelegt. Die Anhänger der S. sind die *Sunniten.*

Sunniten, Anhänger der Überlieferung (Sunna) und der Gemeinschaft; größte konfessionelle Gruppierung im Islam.

Suren (arabisch *sura,* Mehrzahl *suwar*), die 114 unterschiedlich langen Abschnitte des Korans, die nach dem Offenbarungsort in mekkanische und medinische Suren unterschieden werden. Die Zählung der S. ist nicht mit der chronologischen Abfolge der Offenbarung identisch.

Umma, die Gemeinschaft der Muslime; im Islam nach dem göttlichen Heilsplan die beste Gemeinschaft.

Umra, während des Hagg vorgeschriebener zweiter Besuch der Moschee in Mekka; auch der freiwillige Besuch der Kaaba außerhalb der festgelegten Zeit.

Wesir, seit etwa 750 Titel der obersten Würdenträger in islamischen Staaten.

Zakat, Almosensteuer, die von jedem freien, volljährigen und gesunden Muslim alljährlich aufzubringen ist.

Namensverzeichnis

Bibliographie

Enzyklopädie des Islams, 4 Bände und 1 Ergänzungsband, Leipzig, 1913–38 (Neubearbeitung nur englisch und französisch, Leiden 1960 ff).
Esin, E., *Mekka und Medina,* Frankfurt, 1963.
Fuchs, W. R., *Die Araber und ihre Welt,* München, 1977.
Gardet, L., *Der Islam,* Aschaffenburg, 1961.
Hamidullah, G. M., *Le prophète de l'Islam,* Paris, 1958.
Iafri, H., *Conduct of rule in Islam,* Karachi, 1979.
Der Islam (Fischer Taschenbuch), 2 Bde., Frankfurt, [6]1980.
Der Koran, München, 1959.
Kreiser, K., Diem, W. u. Majer, H. G. (Hrsg.), *Lexikon der Islamischen Welt,* 3 Bände, Stuttgart – Berlin – Köln – Mainz, 1974.
Laffin, J., *Islam,* München, 1980.
Lewis, B. (Hrsg.), *Welt des Islam. Geschichte und Kultur im Zeichen des Propheten,* Braunschweig, 1976.
Otto-Dorn, K., *Islam. Die außereuropäischen Kulturen,* Baden-Baden, 1979.
Papadopoulo, A., *Islamische Kunst* (Ars Antiqua, Serie II), Freiburg, 1977.
Renz, A., *Geschichte und Stätten des Islam. Von Spanien bis Indien,* München, 1977.
Rumi, Gialal ad din, *Le livre du dedans,* ins Französische übertragen von Eva de Vitray-Meyerovitch, Paris, 1976.
Schedl, Cl., *Muhammad und Jesus. Die christologisch relevanten Texte des Korans,* Wien – Freiburg – Basel, 1978.
Stieglecker, H., *Die Glaubenslehren des Islam,* Paderborn, 1962.
Varthema, L. de, *Itinerari,* in: G. B. Ramusio, *Navigazioni e viaggi,* I, Turin, 1978.
Watt, M., *Mahomet à la Mecque,* Paris, 1958.

Bildnachweis und Danksagung

Alle Abbildungen dieses Bandes stammen von Hussein Yoshio Hirashima, der folgenden Persönlichkeiten und Institutionen zu Dank verpflichtet ist (entsprechend der Originalausgabe):
König Feisal ibn Abd al Aziz al Saud und König Khalid ibn Abd al Aziz al Saud
Kronprinz Fhad ibn Abd al Aziz al Saud
Prinz Abdullah ibn Abd al Aziz al Saud
den Scheiks Jamil al Hujaylan, Ibrahim Abdullah al Ankary, Muhammad abdu Yamani
den Scheiks Aouney W. Dejany und Zein Adabbagh, den Botschaftern Saudi-Arabiens in Japan
der Botschaft Saudi-Arabiens in Japan
König Hussein ibn Talal von Jordanien
dem japanischen Außenministerium
der japanischen Botschaft in Saudi-Arabien
der Japanischen Muslimischen Gesellschaft
der Islamischen Kulturgesellschaft in Japan
dem Islamischen Zentrum in Japan
Canon Co. Ltd., Contax (Yashica) Co. Ltd., Far East Laboratory (Kodak) Co. Ltd.; Kenko-Filters Co. Ltd., Mamiya-Camera Co. Ltd., Tokyo-Optical Co. Ltd., Arabian Oil Co. Ltd.

Die italienische Originalausgabe erschien unter dem Titel
L'Universo dello Spirito
La Mecca e Medina
Le città del Profeta

Chefredaktion: Riccardo Mezzanotte

Übersetzung: Christina Callori-Gehlsen

Satzarbeiten: Freiburger Graphische Betriebe
Druck und buchbinderische Verarbeitung:
Officine Grafiche di Verona della Arnoldo Mondadori Editore 1982

ISBN 3-451-19512-7